作文課十五講

吳宏一——著

目次

前言

語文是一切學問的基礎，我從小就常聽師長這樣說。累積幾十年的經驗，現在我願意證實這個說法，並且為它做一些事。

我在臺大中文系讀書時，曾經幫助我小學級任導師，為她的女兒補習作文；研究所肄業時，也曾在中學和專科學校兼課，教國文及作文。後來畢了業，除了在臺大教書之外，還長期在國立編譯館負責國小國語、國中國文、高中國文、師專國文的編審工作。不但要選注範文，撰寫語文常識及教師手冊，而且還常前往全省各地參與教學輔導工作。因為累積了這些經驗，所以後來被新加坡教育部聘為海外華文顧問，並且參與了香港教育署等等文教機構的審訂工作。也因此使我深切了解語文基礎教育的重要，覺得語文的基礎，如果在青少年時期沒有打好，那麼以後在求學的道路上，就會落後別人一大截；即使事後力圖補救，也往往事倍而功半。

基於以上的認識，我寫了這本書。書中盡量用明白的語言，淺近的文字，以及一些大家熟悉的事物和淺顯的例子，來說明讀書作文的道理。希望對於有心加強寫作訓練的初學者及青年朋友，在閱讀與寫作方面，多少有參考的價值和實際的幫助。

希望大家一起來關心語文教育。

吳宏一　識於二〇一一年三月三十一日

壹 序論篇

作文不能憑空而來，並不是攤開紙，提起筆，或打開電腦，就能組字造句，寫成文章。作文之前，必須先讀書。書讀得多，讀得好，才會作文，才有可能寫好文章。

因此，我們在談到正題之前，先談談閱讀與寫作的關係，並認識文章有什麼不同的體裁和類型。

第1講 閱讀與寫作

一、多讀多寫還要多討論

所有讀書的人，在學習的過程中，都免不了要不斷地閱讀與寫作。閱讀古今名家範文，以期獲得知識的充實、情感的陶冶和思想的導正；練習寫作各種不同體裁、類型的文章，以期能夠恰如其份、恰到好處地表達自己的思想和情感。目的並不是一定要使自己成為哪一方面的專家學者或職業作家，而是要使自己從不斷的學習中，培養現代人應有的思想觀念、民主素養和科學精神，同時不管你將來從事什麼行業，都能夠用明白流暢的語言文字來表情達意，寫出有感染力和說服力的文章。

閱讀和寫作，分開來看，好像是兩件事，但就寫作的觀點來說，其實是一件事。沒有閱讀，就無所謂寫作。因此古人告訴我們，要寫好文章就必須多讀多寫多討論。例如北宋的大文學家歐陽修，就曾經這樣說過：「文有三多：看多，做多，商量多也。」

所謂「看多」，就是多讀，多看別人所寫的文章；所謂「做多」，就是多寫，多下筆練習作文，不要空談；所謂「商量多」，就是多商榷討論。討論什麼呢？還是與讀、寫有關。別人的文章有好有壞，好的要學習，壞的要刪改，所以對於文章的好壞，不能不討論。看別人的文章看多了，自己卻不動手下筆，就容易養成眼高手低的毛病；還有，一般人對於自己的文章，常常敝帚自珍，覺得「文章是自己的好」，不容易看到自己的缺點，因此，想取人之長而捨己之短，當然更需要虛心向人請教，所以也不能不商量討論。

歐陽修的寫作經驗談，在南宋魏慶之的《詩人玉屑》第五卷中，引述得更為清楚：有人向歐陽修請教作文之道，歐陽修的回答是：

無他術，唯勤讀書而多為之，自工。世人患作文字少，又懶讀書；每出一篇，即求過人。如此少有至者。疵病不必待人指摘，多作，自能見之。

意思是：要寫好文章，沒有其他什麼好辦法；只有多讀多寫，文章自然會寫得好。一般人的毛病是：不肯多練習寫作，又懶得讀書；偶而寫了一篇，馬上就想要超越別人，贏得讚美。這樣的話，就很少有好的成就了。其實自己文章的缺點，不必等到別人來指摘批評，只要自己多作，多練習，多比較，也能夠自己看出來的。

可見歐陽修以為多讀多寫，仍然是作文的首要條件。他甚至以為多作，多練習，多實踐，自然可以取人之長而去己之短，似乎不必跟別人商量討論。

歐陽修的這種說法，其實是對已有寫作經驗的人而說的，並不適用於初學者。

唐代大詩人白居易的〈與元九書〉，就是寫給他的好友元稹的一封信，信中也有一段話說：一般人寫文章，「私於自是」，往往以為自己的文章好，繁瑣蕪蔓的地方不忍割愛，所以他主張「必待交友有公鑒而無姑息者，討論而削奪之，然後繁簡當否，得其中矣。」這是說：人有「自我感覺良好」的毛病，所以自己所寫的文章，一定要請教客觀認真的朋友，一起討論，加以修正刪改，然後才可能繁簡得體，適當得中。

白居易的這些話，其實也一樣是說給他的詩友元稹聽的。元稹是中唐的大詩人，白居易這樣說，也不過是希望他們彼此之間，多多互相切磋，以期精益求精而已。對於初學者來說，他們都說得有道理，卻未必有實際的幫助。

白居易、歐陽修都是古代的大文學家，他們談到作文之道，說法如此簡要，那麼現代作家的看法又是如何呢？魯迅是當代公認必可傳諸久遠的大作家，他在寫給賴少麒的信中卻依然這樣說：

文章應該怎樣做，我說不出來。因為自己的作文，是由於多看和練習，此外並無心得和方法的。

魯迅所說的「多看和練習」，一樣是勸人多讀多寫的意思，和古人的說法並無不同。可見多讀多寫，多討論多修改，確實是千古不可移易的寫作要領。但這要領說得太簡略了，初學者未必能體會。也或許自己以為能夠體會了，拚命多讀多寫，結果發現書海浩瀚，書永遠讀不完；日夜辛勤寫作，卻徒勞無功。為什麼？原因是：不得其法。萬一所讀的書內容有問題，非淫即盜，就於身心有害；文字有問題，不知剪裁，那也就無所取法。這就好像有人想要身體好，聽說必須多運動、多注意營養一樣，萬一不得其法，運動過度了，營養品吃太多了，未必有益，說不定反而有害。

像白居易、歐陽修或者像魯迅這樣的大學者大作家，他們的成功，固然由於多讀多寫、勤學努力，但其實和他們自己的才情學養以及生活閱歷，也都息息相關，並非僅靠多讀多寫即可獲得。因此對於初學者和一般人，我們固然要告訴他多讀多寫，但更重要的是，要告訴他該先讀些什麼、怎麼讀，該先練習寫些什麼、怎麼寫；換句話說，要示其門徑和方法，要給他及時適當的指導，以期為他未來種種可能的發展，奠定基礎。

我的這本書，就是為有志於加強寫作的青年朋友和初學者而寫的。如果你是正在學校肄業的學生，在閱讀和練習寫作的過程中，有同學可以互相切磋，有師長可以從旁指導，一起商量討論，應該會有更好的成效。

二、言之有物與言之有序

「言有物」和「言有序」，原是《易經》上的兩句話，後世常被人用來說明文章的好處。言之有物，是說文章有充實的內容；言之有序，是說文章寫得有層次，有條理。這是好文章最起碼的必備條件。

文章是表達情意的書面文字，作者藉之表達自己的思想和情感，而讀者藉之了解作者的創作意圖。作者、讀者與作品三者之間，構成了一個以作品為中心的等邊關係。當作者寫了一篇文章，那作品就是他人格的展現，也是一種表現的藝術。他必須使用前人及同時代的人都能明白的語言文字，才能把他的情感、意志、思想、信仰等等，傳達給別人。如果他的文章不是沿襲轉介，而是出於自己的創造，有獨特性，那就比較容易受到別人的注意。另外，如果他的文章寫得有層次，有條理，明白流暢，或者宛轉動人，也比較容易獲得讀者的認同。而當讀者透過作品嘗試去了解作者的創作意圖時，他所探測了解到的，是否就是作者原來的思想情感，其實是難以確定的。同樣的一篇文章，由不同的人來閱讀，往往會有不同的理解和詮釋。作品的「品」字，就意味著這個意思。

因此，就讀者而言，當他在閱讀前人或同時代人的作品時，其實他也正透過這篇文章，在進行一種認知、審美、判斷的心理活動，那也就是他學識、修養、觀察力、想像力以及創造能力的綜合展現。可以說不只是在試探了解原作者的創作意圖，事實上已經超越於此，達到一種推陳出新的境界。也因此有人說，「閱讀」有時候是作品的另一種新「創作」。就這個意義來說，閱讀與寫作才可以說是一回事。

任何有創意的寫作，無不先以閱讀為基礎。前人告訴我們作文之道，在於多讀多寫，多寫之前，要先多讀古今名家範文，其道理也就在於此。古今名家的好文章，抒發情感時，性靈流露，富於感染力量；記人敘事、寫景狀物時，描寫逼真，敘述生動，富於觀察、想像能力；說明道理、辯論是非時，富於邏輯、辨析能力。這些都是我們學習作文時最佳的範本。我們從中不但可以培養認知、審美的能力，美化情操，激發創意，而且可以傳承文化，提昇自我，建立正確的人生觀。杜甫詩云：「讀書破萬卷，下筆如有神」，「讀書破萬卷」，固然是說讀的書很多，但重點是在「破」字上。「破」是破解的意思，是說能夠真正的了解和體會。「下筆如有神」，固然是說下筆敏捷，若有神助靈感，但重點是在「有神」二字。「有神」是說有精神，有自己的情感思想，而不是只會襲用前人的習套。所謂「蠶食桑而所吐者絲」、「蜂採花而所釀者蜜」，這才是真的把別人的精華提煉為自己所有。

古今名家的範文，正是我們學習的模範，也是我們擷取他人精華的源頭。雖然語言文字會因時空的不同，而有所變化；雖然時間上有古今之分，空間上有南北之別；雖然文體上有新舊文白之分，文類上有韻文散文之別，可是，就中文漢語來說，因為它們的構造，形音兼義，千古以來變化真的不大，幾千年前的一些古書詞語，像《詩經》的「窈窕淑女，君子好逑」、「所謂伊人，在水一方」，《論語》的「有朋自遠方來，不亦樂乎」、「君子有成人之美」等等，至今讀書人猶可琅琅上口。因此不少優良的傳統文化，和歷代傳誦的名篇佳作，都還是我們目前必須研讀學習的對象。語言文字上的一些隔閡，時代環境和生活形態上的一些差異，只要加以注釋，應該都還可以破解，而跟現代作家的文章一樣，為大家所接受。事實上也有很多例子可以證明，近代以來用語體白話創作的著名作家，他們都承認早年受過舊文學的洗禮。

因此，我們今天談閱讀與寫作，不必先有成見，不必先分什麼古今新舊，而應該把注意力放在哪些作品是好作品，哪些書是好書，哪些作者是可以學習的對象。好的我們就應該學習，適合我們現在學習的，就要及時努力。

那麼，哪些作品是好的，是值得我們學習的呢？

不管是中外古今，所謂好的作品，至少要具備兩個條件，一是內容上言之有物，一是形式上言之有序。

言之有物，指的是：在抒發情感時，具有真性情，而非無病呻吟；在記敘事物時，寫出真感覺，而非向壁虛構；在論道說理時，提出真憑據、真例證，而非強詞狡辯。這樣的作品才不會空洞無物，才經得起時間的考驗，才值得大家一起品味。

言之有序，指的是：不論寫什麼題材、什麼類型的文章，抒情也好，敘事也好，說理也好，都要說得合情合理，前後照應。敘述時，井然有序；辯說時，能破能立。或者換個方式說，所謂好作品，就是不論寫什麼文類，詩歌也好，散文也好，小說也好，戲劇也好，評論或其他實用文字也好，都能寫得恰如其份，恰到好處。用現在流行的話說，就是「到位」，寫什麼，就像什麼。這樣的作品，才不會雜亂失序，也才叫做文章。文章，本來就是文采彰顯的意思。

對於正練習寫作的青年朋友來說，他的閱歷尚淺，還需要有經驗的師長來輔導。他所閱讀的文章，應該都要經過挑選；言之有物、言之有序的作品，才可做為模範，供他學習。他所練習的作文，也應該經過細心的批改，提出善意的批評，告訴他優點在哪裡，缺點在哪裡。言有物，言有序，可以說是衡量作品好壞的標準。

三、別裁偽體與轉益多師

上文說過，要寫好文章，必須多讀多寫多討論。其實，所謂「寫好文章」，這句話本身就包含了兩層意義：一是「寫・好文章」，一是「寫好・文章」，語氣停頓的地方不一樣，語意的重點也就不一樣。「寫・好文章」是目標，「寫好・文章」則指過程，表示要好好努力學習寫作的意思。杜甫論詩絕句有云：「別裁偽體親風雅，轉益多師是汝師」，也正是這個意思。

「別裁偽體親風雅」，是說要把訛誤不當的作品區別出來，加以芟剔，這樣子才合乎「風雅」之道。「風雅」原指《詩經》中的「國風」和「大小雅」，這裡是藉古人對《詩經》的推崇，來說明所寫的詩文作品，都同樣要求內容雅正，論述得法，最好還具有政教風化的功能。「轉益多師是汝師」，是說要虛心學習，多方請教，這樣子才能使你兼採眾家之長，取其精華而去其糟粕。「別裁偽體親風雅」，可以說是寫作的目標，而「轉益多師是汝師」則是指達到目標的手段和過程。

我們想要寫好文章，必須懂得上述的這兩層意義，先從多讀古今名家範文入手，學習各種不同文體、不同文類的優良傳統，從不斷的學習、比較、模擬之中，來培養、擴大、提昇自己的鑑賞和創作能力。目標是寫出好文章，過程則需從現實生活中多去體驗，多加觀摩。

從前人討論的著作中，我們知道要寫好文章，至少要具備下列幾個先決條件：

一、充實的學問知識。
二、清楚的思辨能力。
三、嫻熟的表現技巧。
四、豐富的生活體驗。

這幾個條件，學問知識、思辨能力、表現技巧等等，大多可以從古今名家範文中獲得應有的訓練，或得到啟示，只有第四項生活體驗，需要自己更多更大更深地從現實生活中去體會，才不致人云亦云，失去了自己的特色，不能表現出屬於自己的思想和情感。我們從閱讀到鑑賞古今名家範文時，需要它來互相印證，我們從模擬到創作不同文體、不同文類的作品時，也需要它來做為憑據。

當我開始著手寫此書時，臺灣報刊上恰好有一個連續幾天報導討論的新聞。說：臺灣彰化縣舉辦全縣國中三年級學生作文模擬考，寫作測驗的題目是：「最感謝的人」。這個題目不難寫，但因答卷上限制學生不能寫父母、老師等人為感謝的對象，因此頗多學生不知如何下筆，也因此頗多學生家長及學校教師為學生講話，提出抗議。

事實上，這種方式的命題作文，也是實境測驗的一種，可以測出學生不同的語文程度和寫作能力。要是平時的作文訓練，感謝的對象當然不必限制，相信學生所寫的，也必然絕大多數是寫自己的父母或老師，同質性會很高。但在作文比賽或升學考試時，感謝的對象限制不能寫父母和老師等人，是可以理解的，一則讓學生在測驗時寫出了自己父母或任課教師的姓名，容易有是否犯了作弊的嫌疑，而引起爭論，一則讓學生知道在父母老師之外，還有許多他應該感謝的人。

只要他寫出這個人值得他特別感謝的原因或理由，寫得具體生動，就不錯了。那麼，問題出在哪裡呢？

臺北市有個名叫蔡田的國小校長，為此投書報刊，指出學生「為何望筆興嘆」。他分析其原因有三：一、學生缺乏生活經驗，父母師長保護過度了；二、作文教學時數太少，學生缺乏寫作練習的機會；三、學生缺少想像力和創造力。蔡校長還說：「如果學生有寫信、收信的經驗，就可以感謝郵差送信；如果學生有陪爸媽上菜市場買菜，自然可以寫感謝農夫和菜販。」換言之，缺少生活體驗，又缺乏寫作訓練和想像能力，所以拿起筆來，就不知從何寫起了。

除了蔡校長以外，還有人以為題目不如改為「最感謝的○○」，會比較靈活。這當然也是可以參考的意見，但會不會衍生其他的問題，還很難說。

這件事讓我想起民國七十年前後，我擔任大學聯考幾屆命題委員和複閱委員的一些往事。現在時過境遷了，說之無妨。有一年大學聯考的作文題目是「燈塔與燭火」，葉慶炳教授命的題，黃錦鋐教授和我經過討論後都一致贊成的。葉教授命題的本意是：燈塔和燭火都是光明的象徵，雖然光芒有大有小，但都同樣可以照亮別人。這可以用來比喻不同的人，對社會可以有不同的貢獻；而且這種題目，適用於不同的體裁，可以寫論說文，寫記敘文，甚至可以寫抒情文。結果想不到，在閱卷時，有兩份考卷送給我複閱。一篇考卷寫的是新詩，文筆尚稱流暢，頗有韻味。兩位閱卷老師，一位給高分，一位給低分。另外有一份考卷，寫得精彩動人，可是內容寫的是：作者在月黑風高之夜，到海邊山上的燈塔內，點著燭火去和守燈塔的情人幽會……。兩位閱卷老師，一位給高分，一位給低分。

問題出在哪裡呢？有閱卷委員認為作文不該寫詩歌，或者不該寫內容淫蕩的故事。已經成年的作家愛怎麼寫，他們管不了，但是考生作文，不能只重辭采，不能不「別裁偽體」啊。

我提這件往事，只是提醒青年朋友，特別是在學的學生，平時練習作文沒關係，一旦參加測驗比賽或升學考試，一定要取法乎上，要遵循一些大家公認的社會規範。否則，人家規定要作「文」，你卻寫「詩」；人家認為內容應該要雅正，你卻寫幽會偷情，即使你寫得情思宛轉，文筆流暢，也不見得會得到別人的欣賞，甚至結果適得其反，受到排斥。

以下我會根據上述所說的道理，來說明、討論作文的一些理論和實例。為了沿波以討流，循枝以探葉，在說明審題、立意等作文原理之前，先從文章的體類說起。

第2講 辨體

一、文體與文類

談閱讀與寫作，不能不談文章的體類。了解所讀的、所寫的作品，屬於什麼體裁、什麼類別，才能進一步討論相關的道理。

現代一般人一談到文章的體裁和類別，簡稱為文體和文類，馬上想到的是詩歌、散文、小說、戲劇等等，或者是抒情文、記敘文、論說文、應用文等等，但觀念是相當混淆的。有人認為所謂文體，應指詩歌、散文、小說、戲劇等等，而非指抒情、記敘、論說等等；有人恰好相反，認為抒情、記敘、論說等等，才是文章的體裁，而詩歌、散文、小說等等，只是文章的類別；也有人折衷異同，認為二者都言之成理，持之有故，不妨混同而用之。

其實以上所說的這兩種分法，都是近代以來受到西方文學思潮的影響，才衍生出來的。中國古代也講文章的體類，但說法並不一樣。

有人說文章的功能有三，分別是：認識的功能、教化的功能和審美的功能。中國古代文章的分體分類，大致和這三種功能齊頭並進。《尚書》中「典」、「謨」、「誓」、「命」、「訓」、「誥」等等篇名，是指古代帝王所頒的行政命令和君臣之間的實用公文，用來區別其不同的性質；《詩經》中的「六義」，所謂風、雅、頌和賦、比、興，是用來區分個別不同的內容題材和形式技巧。起先所注重的，幾乎都在認知判斷和政治教化的功能方面；到了魏晉以後，由於文學觀念的逐漸興起，才開始有人重視文章的審美功能。漢、魏之際，曹丕《典論‧論文》所說的四科八體：「奏、議宜雅，書、論宜理，銘、誄尚實，詩、賦欲麗」，西晉著名詩人陸機〈文賦〉所說的五科十體：「詩緣情而綺靡，賦體物而瀏亮。碑披文以相質，誄纏綿而悽愴。銘博約而溫潤，箴頓挫而清壯。頌優游以彬蔚，論精微而朗暢。奏平徹以閑雅，說煒燁而譎誑。」都是大家熟悉的例子。文章的體類，到了他們的時代，才注意到了政治社會的實用功能之外，還有文學藝術上的審美功能。大致也從這時候起，像南朝齊、梁之間，劉勰的《文心雕龍》、蕭繹的《金樓子》等等，也才注意到可以完全依照形式，例如有韻無韻，來區別文章的體類，把有韻的詩叫做「文」，把無韻的散文叫做「筆」。後來進而在文與筆、韻文與散文之間，還增列「駢文」一類。唐宋詩格文評的著作，如雨後春筍，日益增多。文章的體類越分越多，越分越細，明代的吳訥在《文章辨體》中，已經將文體分為五十九種，徐師曾的《文體明辨》，更增為一二七種。分體別類，原意是為了閱讀時便於辨認、寫作時便於模仿，一旦分得太多太細，反而令人眼花繚亂，不知所從。所以到了清代乾隆年間的姚鼐編《古文辭類纂》時，又濃縮為論辨、序跋、奏議、書說、贈序、詔令、傳狀、碑誌、雜記、箴銘、頌贊、辭賦、哀祭十三類，而道光、咸豐間的曾國藩，又據之改為三門十一類：

著述門：包括論著、詞賦、序跋三類。

告語門：包括詔令、奏議、書牘、哀祭四類。

記載門：包括傳誌、敘記、典志、雜記四類。

清代中葉以後，一直到民國初年，姚鼐、曾國藩這些傳統的古代文體分類的觀念，一直風行，影響舊式的文人學者。從以上所臚列的古代文章體類中，大家也可發現：古人對於文章的觀念，其實多囿限在政教的實用功能之上。用現代的眼光去看，古人所說的文體，大都是可用之於實際生活的應用文，真正屬於文藝創作的並不多。只是古代的文人學者，他們的文學修養好，造詣高，即使寫的是政令社教、奏議碑銘之類的實用文字，也往往被後人視為文學作品而已。

清末民初，由於中國國勢衰弱，歐西思潮隨科技以俱來。受到西方文藝思潮的影響，從事文學教育者，開始捨舊而趨新，拋棄舊文學，提倡新文藝。因此姚鼐、曾國藩的舊體分類，被束諸高閣了，大家競相採用新方法。認為古今中外的文章，歸納起來，不外分為抒情文、記敘文、論說文等幾大類，或於抒情、記敘之外，加上「描寫」文；或將論說文區分為說明文與議論文。這種分法，便於指導初學者閱讀與寫作，因此一經提倡，不久即風行學界文壇。加上科舉制度改變了，文言文式微而白話文日漸興盛，因而這種新分法，一直到現在，在教育界猶盛行而不衰。

但是，抒情、記敘、論說等等的這種新分法，究竟應該稱為文體呢？或稱為文類呢？至今仍然眾說紛紜，莫衷一是。如果說是文體，那麼文體的「體」，應該稱為「體裁」或「體製」，至今大家也仍然說不清楚。

「五四」新文化運動以後，又有人接受西方文論的新思潮，把文學作品分為詩歌、散文、小說、戲劇四類，也有人認為上述四類之外，應該另加文學批評一類。這種分法，原是針對文藝創作、文學作品而言，可是卻有不少人拿來與上述的抒情、記敘、論說一類，混為一談。

事實上，所謂抒情、記敘、論說等等這一種體裁，是就文章寫作的目的，來區別其表現方式的一種分法。它不只適用於文學創作，也適用於實用性的應用文，與中國的傳統分法比較接近，也與本書寫作的主旨比較接近。我們這本書，是為想寫好文章的初學者及青年朋友而寫，不是想訓練專業作家。所以，從下章起，我們談的寫作原理，多就抒情、記敘、論說這方面來立論。同時為了便於說明和統一起見，我們將抒情、記敘、論說這一種，稱為文體，指文章的體裁；而將詩歌、散文、小說、戲劇這一種，稱為文類，指文學的分類。

二、文章的體裁

文章的體裁，即上述所謂文體，包括抒情文、記敘文、論說文和應用文四大類。

抒情文，以表達意念、抒發情感為主。人是有感情思想的動物，他所接觸的人物，遇到的事件，有時候會「應物斯感」，觸動他的情感，激發他的思想，使他睹物思人，見景生情。或「形諸舞詠」，或見諸筆端。

不過，一個人的喜怒哀樂，如果見其表情，聞其聲音，自然可以真切地感受他的情懷；如果只用文字來表現，只直接說出：「我高興……」、「我憤怒……」、「我悲哀……」，那麼，就會變得很抽象，不能予人具體的感受；除非寄託於敘事寫景之中，才能襯托出來。因此，抒情文常常與敘事寫景的記敘文有關。又因為人的感情，常是外在自然、社會現象的反映，也可算是一種客觀的存在，因此在論說文中，有時候也用它來增加文章的氣勢和文采。在所有體裁中，抒情文最需要講求氣勢和文采。文采包含辭藻、格調、韻律等等，它與各種文體都有關係。

記敘文，主要是用來記人、敘事、寫景、狀物。人和景物的性質、狀態，人和不同時間、空間所發生的事情，以及事件發展和轉變的過程，都是記敘文描寫的對象。過去有些討論文章寫作的人，常說：敘述動態的文字叫做記載文或記敘文，描寫靜態的文字叫做描寫文；也有人說：記性質形狀的文字叫記述文，記發展變動的文字叫敘述文。其實這兩種內分法，是不必要的。完全靜態或完全動態的敘寫，除了在短文短句中偶而出現外，其實並不多見。所謂記述和敘述，所謂描寫和記敘，所謂靜態和動態，通常在寫作時，是混為一體的。它們相互為用，不必分開，也不宜分開。

記敘文不但靜態的描寫和動態的敘述，常常混為一體，在記人、敘事、寫景、狀物時，它們之間也往往相互為用。例如寫一個人的傳記，必然有靜態的形容，也必然有動態的敘述。不但會寫他的性格容貌，而且也會寫他為人處世時的行為動作。例如寫一篇遊記，不但會寫景狀物，而且也會涉及人、事，以及時間、地點等等不同的變化，不可能寫人不涉及事，寫景不涉及物。

記敘文和抒情文一樣，也是一切文體、文類的基礎。一切文章不可能沒有情感的內容，也不可能沒有記敘的形式。它是所有文體中最容易入手學習的；但要寫得好，卻不容易，必須多讀多寫，多練習多實踐，才能見真工夫。記敘文學好了，抒情文要借景言情、托物興懷，論說文要舉例引證、論事說理，應用文要把很多事物應用到現實生活和實際人生之中，才會有憑藉，有紮實的基礎。文學的不同類別中，不但散文不能沒有它，連小說、詩歌、戲劇也不能缺少它。所以，有人說記敘文是一切文體的基礎。對初學者而言，記敘文的寫作和練習，極為重要。

論說文，包括說明文和議論文。議論，多半是說明之後的推闡和引申。說明文，重在解釋名物，傳授知識，重在釐清真相，剖析事理；主要是解釋某些名物的定義、種類、性質和功效，說明事理的原因、方法、程序和結果。它不但要讓讀者知道「是什麼」、「什麼樣」，更要讓讀者明白「為什麼」、「怎麼樣」。

議論文雖然和說明文一樣，以傳授知識、剖析事理為主，但在解釋、說明之外，它更要求讀者相信。換言之，它要求能立能破，不但要樹立自己的主張，而且要批駁別人的意見。它以說服別人為目的，多少有主觀的成分，所以又叫論辨文。

不論是說明文或議論文，它們在寫作時，都有共同的要求：界說要明確，論述要客觀，例證要真切，說理要周洽。不但要言之有物，更要言之有序。不但說明時要簡潔扼要，多加分析，更要多提數據例證，並且分類闡述，比較異同，最後才綜合歸納下結論。如果在剖析事理之後，還要發表議論，那就更需要在分析、歸納之餘，多多類推、演繹。根據已知的普遍知識，前面所得的結論，再加引申，去推證其他的事物及原則。分析、歸納、演繹都是理則學上所說的科學方法，也就是我們平常所說的「邏輯」。

因此，在所有文體中，論說文最富於現代人所說的科學精神和邏輯理念。古人所說的「奏議」、「書論」等等，屬於這一類，現代各行各業、不同學科的人所寫的專業論文，也多屬於這一類。因此它適用的範圍極廣。

應用文，也稱為實用文。對現代人來說，文章有審美和實用的兩大功能，審美與文學有關，實用則指文學之外所有文體的功能和寫作的目的，與現實生活緊相關連。清代文學家劉熙載在《藝概》中曾說：「辭命體，推之可為一切應用之文。應用文有上行，有平行，有下行。重其辭，乃所以重其實也。」「辭命」是辭章誥命的簡稱，古人所說的很多文體，像書札、公文、雜記、序跋、箴銘、頌贊、哀祭等等，都包含在內。這是古人日常生活中公私事務要經常應用的文體。劉熙載說這些應用文字，因為對象有上級、同輩、晚輩的不同，所以措辭和格式也都須因之而異。文字用語所以要講究，也都是為了實用的緣故。

過去把應用文拿來與抒情文、記敘文、論說文並列，是從文章寫作的觀點，認為一切文體固可粗分為抒情、記敘、論說等類，但實際生活中所接觸的公私事務，須作不同格式、不同措辭的應酬文字，與自己平時用來傳情達意所寫的文章畢竟有所不同，所以另列一項，而且把公文、書信、契約、收據、廣告等等，都囊括在內。由於時代的進步，社會日趨多樣，所以現在又把科技、經濟、法律等等方面的文書寫作，也歸入其中，概稱為「實用文」。其實，「實用」是講性質和目的，「應用」是講應用不同的文體，二者並不相悖。

應用文，當然是以實用為主，所以它與文學作品以審美為目的不一樣。但是，應用文除了格式、辭氣要特別講究之外，在寫作時，它仍然離不開一般文章寫作的要求，仍然離不開抒情、記敘、論說前三項所說的道理。因此，只要前三項所說的道理明白了，寫作的基礎穩固了，應用文的寫作，也就迎刃而解了。也因此下文在介紹文體習作時，我們把重點放在前三項上。

三、文學的分類

文學有廣狹二義：廣義的文學，大約等於人文學；狹義的文學，則與史學、哲學、科學等等並列，亦即我們平常所說的純文學。純文學雖然可以列舉不少的功能，但仍以審美為主。「審美」一向與「實用」相對舉，所以一般人也常常把純文學與其他的學科分開，因而有人產生誤會，以為純文學寫的都是風花雪月之類，無補於國計民生，沒有實用的價值。筆者上文介紹「應用文」時，曾說應用文以實用為目的，文學作品以審美為目的，用意蓋在說明二者的性質有所不同，並無軒輊輕重之意。實用的文章寫得好，可能會被視為文學創作，文學創作能反應社會現實和時代動亂，也就會有其實用價值。這是淺顯易懂的道理，不用多說。

文學創作，通常可以分為詩歌、散文、小說、戲劇四類，或者還可以加上文學批評一類。這幾類作品表達的形式不同，在使用抒情、記敘、論說等文體時，也各有所側重。事實上，抒情、記敘、論說這三者，是一切文章所共同使用的體裁，也是一切文章寫作的基礎，文學作品需要它，其他實用的文章也需要它。雖然文章有不同的內容主題和表現形式，在使用時，側重各有不同，但通常是抒情、記敘、論說三者交互混用的。所謂借景言情，所謂夾議夾敘，都是常見慣用的例子。就古代的文學創作而言，像詩歌一類中的唐詩，就重情韻，主興會，宋詩就重理致，發議論；像散文一類中的唐宋古文，就重議論，主張載道明理，明清小品就主性靈，長於敘事寫景。近代以來用白話口語寫作的文學作品，主張拋棄舊傳統，排斥舊形式，在語言和文體的混用上，益為明顯，文學以外的其他文章，更有結合繪畫藝術和科學技術來表現的。因此，文學分類的觀念越來越模糊了，也因此才會有很多人把文章的分體和文學的分類混為一談。

古今的文學觀念不同，對文學的分類看法也不一致。古代有的只分「文」、「筆」，等於只分韻文和散文。如依這種分法，現代人所說的小說，就必須歸入散文一類了。古人雖然也有「小說」，但那記載的是一些道聽途說的末道小技，猶如筆記雜談，和今天所說的小說，當然也不相同。關於這些，說來話長，也不是此書寫作的重點，所以我們在這裡只是略作交代，提醒讀者：書要讀得好，文章要寫得好，真的要先多讀多看，多討論多比較。同時也藉此告訴讀者：我們底下文章中所提的例證，即使是引用古代的詩文或小說戲劇，都已經過裁量，合乎現代人的觀念。

古人認為詩歌和音樂、舞蹈原為一體，後來才分開，而且，詩和歌也逐漸分開。《詩經》、《楚辭》和漢魏的一些辭賦、樂府詩，都還可以明顯看到詩歌合一的痕跡。等到詩與歌分離以後，五七言的古體詩和絕句律詩先後繼起，說明了歷代詩人在詩句中自行尋求音樂節奏和語言對稱的努力。平仄、對仗、押韻的使用與變化，就是他們努力的結果。詩如此，詞、曲也是如此。

清末民初以來，提倡語體文和白話詩，有些人嘲笑舊體詩歌是「豆腐乾」，主張要打破舊體詩詞格律的束縛，字句不再求其整齊對仗，聲韻不再求其調協互押，形式自由了，有的顯得清新活潑，但有的卻變成了「分行的散文」。可見文學作品只能論好壞高下，而不宜分古今新舊。古人今人都有好作品，也有壞作品。新體舊體同樣都有好作品，也有壞作品。古代的詩歌，有不少是文學的精華，不可輕言拋棄。現代人寫新詩，勇於創新，也應該鼓勵。對詩歌如此，對散文、小說、戲劇等等，也理當如此。

散文與詩歌相對，不講格律用韻。因為時代的不同，在古代有古文和所謂「時文」等等的不同。古文指歷代宗尚傳統經典的載道文字，「時文」則指與「古文」相對的「當代」散文，但明、清時也用來專指八股文。古文包括的體裁頗多，範圍極廣，上文所述《古文辭類纂》和《經史百家雜抄》等書，除了詩歌騷賦之外，其他的各體文章幾乎都可歸入。現代人所說的散文，也有廣狹二義，狹義的散文，範圍小得多。文學創作中的「散文」，有時候只指抒情文和有抒情味道的記敘文或應用文，例如一些有情趣的傳記、遊記、日記和書信等等，而把論說之類的專業論文摒棄在外。當然，這常會引起爭論。

抒情類的散文之外，小品文和方塊雜文，有時候也被現代人視為散文的附屬品。它們通常篇幅短，字數不多，而且多與抒情寫景有關，即使有論有議，多半也帶有感情的色彩。

古代的小說，是從唐代傳奇才真正開始的。唐人傳奇小說，作意好奇，多幻設語，已經懂得講求表現技巧和運用想像，雖然有的寫真人實事，仍然豁人心眼。宋、元以後的話本小說和長篇說部，更對古代的社會多所反映，使中國古代的小說，在文學的趣味之外，多了不少反思現實的時代意義。其中像《三國演義》、《水滸傳》、《西遊記》、《紅樓夢》等等，都是膾炙人口的名著。它們刻劃人物性格成功，敘事情節曲折動人，有很多地方值得學習。

現代的小說，是文學的主流。不論是短篇或長篇小說，從民國初年以後，不管是在大陸、臺灣或其他的華人地區，都出現了不少名家和名著。不但題材廣，種類多，而且成就高，貢獻大。它們和現代人所寫的新詩、散文一樣，用現代的語言，寫現實的社會，表現的情感和思想，比較容易為現代人歡迎接受，所以影響也比較大。

初學者及青年朋友還在學習階段，中外古今的小說不論新舊，只要好，都應該多多欣賞，但還不必要求提前練習寫作，以免揠苗助長。戲劇及文學批評更是如此。限於篇幅，也因為後面另有專章討論這些問題。關於文學的分類，我們暫時介紹到這裡。

貳　原理篇

作文，像其他的知識學問一樣，有其構成的因素和條件，也可以從不同的體類中，歸納出來它們共同的原理。

作文的原理，歸納起來，可以分為審題、立意、選材、構思、修辭等項。以下就此依次加以分析說明。分析說明時，以抒情、記敘、論說三種體裁為主。

第3講 審題

一、題目與內容

審題，是說要注意題目。先了解題目確切的意義，才能掌握全篇的大體。在討論之前，請先看下列唐代詩人朱慶餘的一首七言絕句：

洞房昨夜停紅燭，待曉堂前拜舅姑。
妝罷低聲問夫壻，畫眉深淺入時無？

這首詩按照字面解釋，寫的是新嫁女子拜見公婆前的心情。古代封建社會，新娘是怕見公婆的。「洞房昨夜停紅燭」是說昨天結婚，新娘嫁入夫家，洞房裡還停放著紅燭，一片喜氣洋洋。第二天一大早，按照習俗，新娘要到廳堂去拜見公婆。舅姑，就是當時公婆的代稱。第三、四兩句，寫新娘羞怯的嬌態。她早起打扮完畢，才低聲問新郎說：她所畫的眉黛合不合乎時代的潮流？

朱慶餘的這首詩，歷來傳本有兩個不同的題目。一題〈閨意〉，一題〈近試上張水部〉。按照字面看，詩的內容和〈閨意〉是相契合的，寫的就是閨中新婦的心情。如果題目確是〈近試上張水部〉，那就不只是字面上所寫的內容，而與作者之參加考試有了關係。

根據有關資料的考證及推論，朱慶餘是唐敬宗寶曆二年（西元八二六年）的進士，此詩當是考前他送給張籍看的作品。張籍晚年與韓愈相識，被推薦為國子博士，後遷水部員外郎，所以世稱「張水部」。唐代進士科的考試，流行一種社會風氣，考生在考前常把自己一些平日的作品送呈給考官看，這就叫做「投卷」或「溫卷」，希望讓考官在閱卷前，先對自己有印象。朱慶餘在接近考期之前，送此詩給張籍看，顯然把張籍比為「舅姑」，是古代的所謂一家之主，而把自己比成羞見公婆的新媳婦。用意也很容易推測。

我要說的道理，就在這裡。朱慶餘的這首詩，有兩個題目，題目不同時，詩的內容主旨也就隨之而異。〈閨意〉只是寫閨婦之情，可視為作者對初嫁新娘的客觀描述，而題目作〈近試上張水部〉時，則是作者想藉初嫁新娘之怕見公婆，來敘寫自己參加科舉考試前的緊張心情。因此他投卷給張籍看，想知道自己的作品合不合乎他的意。前者是純文學的抒情，後者則顯然已有現實政治上的寓意了。

可見題目和文章的內容主旨息息相關。同樣的文字內容，換了不同的題目，可能就給了別人不同的感受。題目題得明確，主旨就明確；題得好，內容也就顯得生動。因此，題目是全篇大意所在，不可不審慎。讀別人作品，要審題；自己寫文章，定題目時更要審慎。目即眼睛，所謂靈魂之窗。眼睛明亮，人才顯得有精神。前人把詩文中精彩重要的字句，稱為「詩眼」、「文眼」、「句中眼」，真是良有以也。

我在中學讀書時，常和同學利用課餘之暇，去逛書店，看畫展。有一次看到

一幅畫，黑白構圖，線條簡單，遠望去，和展覽場中其他彩色繽紛的圖畫，顯得不很搭調。印象中它大概是這樣畫的(如上圖)。

有同學說：「那是什麼啊！看它多像太空梭。」另外有同學說：「像我弟弟畫的仙人掌。這也算是名畫嗎？」大家竊笑，鬧成一團。等到我們走近一看，畫框下所標的題目卻是：「美人沐髮」。我不知道別人怎麼想，我當時的心靈可真是受到極大的震撼。原來被我們取笑的，寥寥數筆簡單線條構成的圖畫，就因為有這個題目，使得線條都靈活了，使得畫面越看越有趣味。

後來，我又在一份畫刊上，看到有人介紹一幅所謂世界名畫。畫面上一片漆黑，只在畫面的中央，畫著一對細細小小發亮的眼睛。起先我以為印刷有問題，因而把大部分的畫面都染黑了；等到讀了說明文字，知道題目叫做「失眠之夜」時，我也才恍然大悟。同樣的，因為有了這個題目，才使得原來構圖簡單的畫面，都變得靈活起來了。它使我們看到原作者高明的創意。

我早年有一首新詩創作題目也叫「失眠之夜」，就是由此得來的靈感。

由此可見，題目是多麼的重要。

看別人的作品，不能不審題，自己作文時，更不能不審題。

以前高雄中學有一次升學考，作文題目是：「科學足以救國，亦足以亡國，試申論之」。據說有的同學只強調科學的重要，只寫「科學足以救國」的部分，而沒有寫到為什麼科學「亦足以亡國」，所以作文的分數不高。有的同學還主張科學至上，在試卷上寫些反對「科學亦足以亡國」的說法，其結果也就不待言明了。

另外，有一年大學聯考的作文題目，是「一本書的啟示」。命題的本意，是希望考生在他所讀過的書籍中，找出他最感興趣、最有收穫的一本書，寫出他的心得和感想。想不到在我所評閱的考卷中，竟然有好些位學生把題目都誤看成「一本書的啟事」，所以有考生開頭這樣寫：「一本書的啟事，有的登在報紙的第一版，有的登在版面的下方，……」；也有考生雖然沒有看錯題目，卻從頭到尾沒有提到該書的書名、著者、內容等等，只是泛泛地一再述說「一本書」給我們學識上的、生活上的、思想上的什麼什麼啟示。太寬泛，不具體，當然得分不會高，成績不理想。

所以，不論是閱讀或寫作，都請先注意題目。

二、標題與無題

照道理說，一篇文章總要有個題目，作者標的題目，等於揭示了主題，對讀者閱讀文章的內容時，起了引導的作用，必然有所影響。題目標得明確，對讀者會有吸引力，也能幫助讀者把握文章的內容要點，了解作者真正的創作意圖。不過，在中國古書中，有的把若干內容性質不同的短篇文字放在一起，編為一篇或一章，這時候，就往往取篇首的三兩個字來做為題目，像《詩經》的首篇〈關雎〉一詩，是從首章首句的「關關雎鳩」取其二字而來的；《論語》的首篇〈學而〉，是從首章首句的「學而時習之」取其二字而來的。

另外，還有一種情況，是有的作者在創作時，因為有現實的顧慮和忌諱，內容別有寄託，卻不願明說，所以故意不標題目，或僅僅以句首三兩個字來做為標題，這種文章，我們統稱之為「無題」、「不題」或「失題」。其中以詩歌類作品為最常見，像晚唐著名詩人李商隱的〈錦瑟〉，取首句「錦瑟無端五十絃」前二字為題，就是著名的例子。

為什麼文章的標題會出現明確與故意不明確這兩種不同的情況呢？其實，這與文章的體裁有關，也與文章的類型有關。

上文已經說過，文章的體裁，我們習慣上分為記敘文、抒情文、論說文和應用文四種。記敘文，以描寫景物和記人敘事為主；抒情文，以抒發情感和陳述志意為主；論說文，以說明事理和論辨是非為主；應用文則以上述三種體裁為基礎，應用到現實的生活工作之中，往往有一定的格式，所以又稱為實用文。這四種體裁，各自適用於表現不同的內容主題，但就傳情達意的表現藝術而言，歸納起來，卻只有兩種：一種是明確表達，希望讀者徹底明白；另外一種是不明確表達，故意含蓄不露。

因此，不同體裁的文章，標題的方式也就不一樣。舉例來說，抒情文，特別是詩歌或散文詩一類的文章，往往以含蓄不露為主，最好意在言外，所以標題不必明確；論說文則重在說理，分析越透徹，說理越明白，越有說服力，因此標題當然越明確越好。

像晚唐杜牧的〈江南春〉：

千里鶯啼綠映紅，水村山郭酒旗風。
南朝四百八十寺，多少樓臺烟雨中。

這首詩前兩句寫江南水鄉的春光美景和生活情調，後兩句寫迷濛煙雨中，彷彿眼前還可以看到無數的南朝古寺。詩寫得極為清麗動人，而詩中的視野，則極為開闊。南朝宋、齊、梁、陳，都建都金陵（今南京），而且當時頗多君王都崇拜佛教，因此在金陵周圍建了很多佛寺。「四百」「八十」皆佛家語，極言數目之多。這一句後世讀者沒有什麼特別的意見，但對於首句「千里鶯啼綠映紅」的「千里」，則有人提出了質疑。

像明代的楊慎，就在《升庵詩話》中這樣批評說：

> 「千里鶯啼」，誰人聽得？千里「綠映紅」，誰人見得？若作「十里」，則鶯啼綠紅之景，村郭、樓臺、僧寺、酒旗，皆在其中矣。

楊慎對首句「千里」的質疑，有其道理，但後來又有人批評楊慎，說他沒有看清題目。像清人何文煥就說：

> 題云〈江南春〉，江南方廣千里，千里之中鶯啼而綠映紅焉；水村山郭，無

處無酒旗；四百八十寺樓臺，多在烟雨中也。此詩之意。意既廣，不得專指一處，故總而命曰〈江南春〉。詩家善立題者也。

這是說杜牧的這首詩，題目標得好。首句的「千里」正可與題目的「江南」相應，否則把視野縮小了，只限於金陵一地，那麼題目也就應該改作〈金陵春〉了。〈金陵春〉應該只寫南京的春景，與〈江南春〉的寫法當然不一樣。

可見一般詩文的題目，通常只有寥寥幾個字，其中的每一個字都要標得好。詩歌雖然與散文是不一樣的文類，標題目時，雖然也不必像散文中的議論文那樣，題目必須緊緊地扣住內容重點，題意必須非常明確，但是標得適當，總是最起碼的要求。怎樣標題才適當才算好呢？以抒情為主的詩歌和記敘文，標題不必像論說文那樣明確，但也不能真的無題或不題，而應該若即若離，能給讀者一些暗示或聯想才對。

朱自清的〈匆匆〉，就是很好的例子。

朱自清的〈匆匆〉是一篇著名的散文詩，作於民國十一年（一九二二）三月，開頭是這樣寫的：

燕子去了，有再來的時候；楊柳枯了，有再青的時候；桃花謝了，有再開的時候。

但是，聰明的，你告訴我，我們的日子為什麼一去不復返呢？

朱自清並沒有想說什麼大道理，他只是用濃烈的抒情筆觸，來寫時日匆匆不可留的念舊情懷，裡面有惋惜，有彷徨，也有不願浪費光陰、蹉跎青春的省思。嚴格說來，「匆匆」這個題目，是不能盡其意的。但是它卻又與全篇內容息息相關，對讀者有啟示、引導的作用。

也因此，有些作品的標題，可與題旨若即若離。你不能說題目標得明確，但也不能說是「無題」。它不是從文中取其辭，但它卻能概括全篇而得其意。它介在詩與散文之間，所以有人說它是散文詩。

現代小說、戲劇的標題，很多也是採用這種方式。因此我們今天談作品的標題，要特別審慎，要注意它們與文體、文類之間的關係。

三、題內與題外

練習寫作的初學者或青年朋友，應該都聽指導的師長說過這樣的教訓：「不要寫題外話」。

寫了題外話，就表示超出了題目應有的範圍，或者旁枝蔓延，使得內容重點渙散不集中了，或者畫蛇添足，使得文章拖沓，變得嚕嗦，不夠簡潔了。這些都是作文的大忌。

寫文章，據題立意，依題作文，當然該寫題內話。你記一個人、寫一個景，當然都該有固定的主要寫作對象；你抒發內心的情意，不管是悲是喜，當然都該有不得不說的真實情感；你說明道理、論辨評議，當然也都該早已有了自己的中心思想。只要據此抒寫、析論，大概所說的都會是題內話。雖不中，亦不遠矣。

例如朱自清的〈背影〉，這是很多人在中學時都讀過的一篇文章。他要寫的是對父親的懷念，是父子之間的親情。他把一次車站上送別時，父親的背影做為描寫的主要對象，其他一切事物的敘述，看起來似乎零零碎碎，其實卻都是為此而安排。他該文筆下所描寫的父親的「背影」，前後有兩次：一次是他父親要他安坐車廂內，自己卻費力地穿越鐵道、從月臺上爬下爬上，去買橘子的時候；一次是他父親買了橘子回來，不久就離去，「背影混入來來往往的人裡」的時候。前者把父親的背影寫得比較仔細，戴什麼帽子，穿什麼衣服，身體如何胖，腳步如何蹣跚，動作如何遲緩，都有描寫，看似瑣瑣碎碎，其實都與主題有關。父親的背影在日常生活中常常看到，為什麼朱自清偏寫這一次？這是因為：這一次朱自清父親在南京送他到浦口車站時，父親橫越月臺鐵道去買橘子的背影，留給他從所未有的深刻印象，也在這時候他才真正體會到父親的愛心。所以他要把有關的情景，描述下來，做為紀念。凡是與背影主題密切相關的事物，不嫌其小，這樣才顯得細膩；而凡是與主題無關的事物，不管多大，則一概捨棄不寫。該文第二次所寫的父親背影，當然不必再重複描述背影本身，因而只交代父親買了橘子回來，「將橘子一股腦兒放在我的皮大衣上」，「撲撲衣上的泥土」，囑咐「多來信」之後，就「混入來來往往的人裡」，「再找不著了」。該詳則詳，該簡則簡，前後所寫，都是「題內話」，沒有多餘的閒筆。

朱自清的這篇文章，是記敘文，文筆樸實簡潔，卻帶有濃厚的抒情色彩。題目標為「背影」，其實寫的是「父愛」。題目雖然不標為「父愛」或「我的父親」之類，但他所寫的「背影」，寫的卻都是「父愛」。難怪後來的讀者，一提到朱自清的〈背影〉，就知道那是「父愛」的同義詞。

再以上文提到的「科學足以救國，亦足以亡國，試申論之」一題為例，來說明寫文章該說題內話。這種論說文的作法，審題立論一定要明確。最好能夠採用下列的立論順序和撰寫方式：

一、先簡單扼要地說明科學的重要，以及它對國家興亡的影響。

二、進一步闡述科學昌明足以興國救國的道理。譬如說到科學可以富國強兵，不但要有理論上的依據，而且要從古今中外的歷史中，至少舉出一二實例做為例證。題目上既然標明「救國」，行文時也就需要注意強調目前國家的處境。

三、以轉折的語氣，議論的方式，說明發展科學固然足以興國救國，但如果一味提倡，竟至窮兵黷武，而忽略了人民的生活、政治的安定、經濟的進步以及外交的關係等等，說不定反而會使國家趨於衰亡。當然這也要舉出例證。

四、結語：簡要說明國家發展科學時應該注意的事項，並提出自己的感想和看法。

如果能夠這樣據題立論，在題內多多發揮，當然成績不會差；如果像上述那樣，竟然有人認為科學只會救國興國，不會使國家衰亡，因而批駁了題目上「亦足以亡國」的說法，那就有違「命題作文」和「申論之」的原意了。平日撰文發表自己的意見，沒有關係，如果是參加考試，那就是說多了「題外話」，恐怕難以過關。

不過，所謂「題內」或「題外」，也要看寫的是什麼體裁，什麼性質內容的作品。寫論說文，要求明確，有中心思想，自然不可有題外話；寫記敘文，記人敘事，寫景狀物，有主要描寫的對象，也不宜有題外話；但寫抒情文時，有時為了話不說盡，委曲表達，含蓄不露，希望讀者能會心於言外，所以這時候他所寫的，沒有全部寫出來，往往是話中有話，就不應當做題外話看。作者有其言外之意，讀者也應該去體會其言外之意。簡言而之，好文章應該是：說的都是「題內話」，可是卻又有「題外意」。

例如上文剛剛提到的杜牧〈江南春〉，從題目看，他寫的是江南的春景，讀者讀此詩時，多陶醉於詩中江南的山水景色和生活情調，而對於迷濛煙雨中的無數南朝古寺，但覺其具有朦朧的美感，而不能去體會作者的言外之意。事實上，杜牧是極力反對佛教的，他在〈杭州新造南亭子記〉一文中，就很強烈地批評佛教地獄輪迴的思想，以及帝王企圖藉信奉佛教來「賣罪買福」的心理。因此，〈江南春〉的後兩句，應有其諷刺南朝君王的寓意。這跟他其他的詠史、懷古之作，都是一樣的。像這樣的作品，我們就不可只看其「題內話」，而應該知其

「題外意」。

同樣的，像北宋初年的梅堯臣，他有一首類似無題詩的〈陶者〉：

陶盡門前土，屋上無片瓦。
十指不沾泥，鱗鱗居大廈。

前兩句寫陶泥作瓦的工匠，陶光了自家門前的泥土，卻一貧如洗，住在沒有屋瓦覆蓋的陋房裡，而後兩句寫的是：那些雙手十指從來不沾泥土的王公貴族，卻如鱗次櫛比一般，住在豪華的城市大廈中。前後是貧富強烈的對照，也是社會不公的控訴。然而，作者在題目中沒有明確的標識出來，詩中也沒有直接明白的發表議論，只把事情現象客觀地寫出來，要讀者自己去體會其題外之旨、言外之意。

杜牧的〈江南春〉表面上看，是抒情詩；梅堯臣的〈陶者〉表面上看，是敘事詩，但它們都有個共同點，都在抒情敘事之中，暗含著批評議論的意味。因此與一般論說文體裁的作法，也就有了相通之處。而我前面所說的，審題時要論體裁，道理也就在這裡。

第4講 立意

一、意在筆先

有人說文章的構成要素有四：一、主題，二、材料，三、結構，四、語言。一篇作品寫得好不好，都跟這四個要素有關。因此，我們看別人的文章，也要從這四個方面去探討：在主題方面，要看他如何立意；在材料方面，要看他如何取材；在結構方面，要看他如何構思；在語言方面，要看他如何修辭。自己寫作時，當然更要從這四個方面入手。以下我們將分幾章依序來討論這些問題。

自古以來，論文談藝的人，都認為文章應以意為主。意，據現代美學家朱光潛《美學文集》的說法，是「情感思想的合稱」，也就是我們上文再三提到的情意。文章是用來表情達意的，為了充分表達情意，不論選取什麼材料，使用什麼形式結構和語言文字，文章都必然有個內容核心，即所謂主題。有了主題，一切形式表現都應該以此為焦點。所謂萬山磅礴，必有主峰。上一講所談的「審題」，與此有關；這一講所要談的「立意」，也與此有關。

前人一談到「立意」，馬上就會聯想到「成竹在胸」這句成語。這句成語，出自蘇東坡的〈文與可畫篔簹谷偃竹記〉：

竹之始生，一寸之萌耳，而節葉具焉。自蜩腹蛇蚹以至於劍拔十尋者，生而有之也。今畫者乃節節而為之，葉葉而累之，豈復有竹乎？故畫竹必先得成竹於胸中。

蘇東坡喜歡竹子，曾寫過「無竹令人俗」的詩句。文與可，是北宋擅長畫竹的名家，也是東坡知心的文友。他們對竹子都有共同的愛好，對畫竹也都有深刻的體會。東坡此文說文與可畫竹子，與他人不同。他人畫的竹子，是「節節而為之，葉葉而累之」，是一個枝節一個枝節分開畫，一片竹葉一片竹葉加上去，真是枝枝節節，瑣瑣屑屑而不得全貌。而文與可則是胸中早已有了畫成的竹子，換句話說，早已有了腹案，因此他的畫竹，得心而應手，蓋得竹子「生而有之」之自然。竹子從萌芽初生時一寸大小，到長得像劍拔直立有十尋（一尋八尺）那樣高，它都同樣具備枝節葉子的。畫竹要畫得好，必須對竹子的成長過程，有長期的觀察和深刻的體會，否則不容易畫得好，不可能畫出竹子的神理。

蘇東坡「畫竹必先得成竹於胸中」的話，不但為畫家所宗尚，也被後代的詩文作家奉為圭臬。清人沈德潛在《說詩晬語》中，就這樣引申說：

> 寫竹者必有成竹在胸，謂意在筆先，然後著墨也。慘淡經營，詩道所貴。倘意旨間架茫然無措，臨文敷衍，支支節節而成之，豈所語於得心應手之技乎！

沈德潛把「成竹在胸」解作「意在筆先」，引申得很恰當。他說寫作之道就像畫竹一樣，應該胸有成竹，然後才能起筆著墨。「意在筆先」，也就是說在起筆之前，作者已先有了想要表達的主題，這樣才能再談慘淡經營之事，用心於構思修辭，以期得心應手，完成佳作。要不然，在起筆之前，沒有所要表達的真情實意，沒有事先擬好的內容核心和形式結構，也就是所謂「意旨間架茫然無措」，那麼，真正落筆作文時，勢必臨文敷衍，寫一句才想下一句，寫一段才想下一段，就像畫竹者畫的只是枝枝節節，哪裡談得上是得乎心、應乎手的表現藝術呢！

沈德潛所說的「意在筆先」，是寫作者在作文立意時必須奉行的信念。對於自己所要表達的主題，要先立其宗旨，識其大體，而千萬不可一開始就斤斤於字句之間。如果一開頭就拘限於修辭造句，那就容易因小而失大。

例如我自己在讀中小學的時代，頗有一些同學上作文課時，不管老師出什麼題目，只要是記敘文或抒情文，開頭例必第一句寫：「光陰似箭，歲月如梭，不知不覺間……」，只要是論說文，勢必開頭就要先引一兩句「國父說」、「總統說」或「什麼什麼偉人說」，否則就不知如何下筆了。事實上，聽當時任課的老師講評說，這樣起頭作文的同學，寫了一句話以後，有的停筆沉吟好一陣子才能繼續寫，想一句寫一句，想一段寫一段，常常沒有中心思想和內容核心，甚至有的「臨文敷衍」而不知所云。又有的同學，不管前文怎麼說，內容寫些什麼，到了最後一段作結語時，也一定有像喊口號一樣的制式寫法。寫的是山是海，就說我們要像山像海一樣的崇高，一樣的壯闊；寫的是人物或故事，也一定要說我們要像他一樣的偉大，創造豐功偉業等等。當時任課的老師諄諄告誡，寫作要表達自己的思想情感，要先立宗旨，不可人云亦云，不要落入習套。我一直把這些話緊記在心裡。現在我把這些話再轉送給有志於寫好作文的青年朋友，希望大家一起注意。

首先要注意立定文章的宗旨，先想好在這篇文章中，你要表達的核心內容。先不要以為自己是天才，以為「李白斗酒詩百篇」，「曹子建七步成詩」，自己也可以辦得到。應該先務實地逐步打好基礎，一步一步來。「胸有成竹」總比「枝枝節節」好，「意在筆先」總比「意隨筆生」可靠。「意隨筆生」，信筆就能寫出好文章，那非有大才華不能辦到。而且事實上，所謂「意隨筆生」，所謂「大才華」，也不過是說才思比較敏捷而已，在才思敏捷的背後，仍然先有文章的宗旨，先有他所要表達的思想情感。否則如何下筆呢？

二、立意須正

意在筆先，是說寫文章時要先立意，立定宗旨，胸有成竹，才不會枝枝節節；有了主題，才有目標，這樣也才能扣緊題目，不至於離題發揮或旁枝蔓延。只有在下筆之先，已立定宗旨目標，底下所要談的選材、構思、修辭等等，才不會游移不定，才不會雜亂無章，也才有實質的意義。

意，不但要立，而且要正。

對初學寫作的青年朋友來說，這個「立意」的「意」，這個「意在筆先」的「意」，還要特別注意它的範圍和限制。前面引用朱光潛的話，說「意」是「情感思想的合稱」，這話自然說的不錯，但人的情感思想，有正有邪，有善有惡，有種種的不同，非常複雜，青年朋友在練習作文時，務必注意這些問題，千萬不可模仿時下眼前報刊上若干嬉笑怒罵的文章，或電子媒體中若干所謂政論名嘴的罵人口氣，更不可學習一些露骨描寫性欲場面的小說作者，只重視表現藝術和寫作技巧，而忽略了社會的規範、他人的觀感和你自己的身分。我們尊重所有人的工作權利和創作自由，但我們覺得年輕的朋友，多數還在學校裡，還未踏入社會，還不適合做這些事。上文說過，這本書是為初學寫作的青年朋友而寫的，目的不是在訓練文藝作家，而是在於幫助大家能寫各種不同文體文類的作品。因此，我們在這裡要特別提醒青年朋友，作文時，立意須正。

上文所以引用杜甫「別裁偽體親風雅」的詩句，所以舉例說「燈塔與燭火」的試題，不適合有男女情欲的描寫，用意都在這裡：立意須正。

不過，這裡所說的「正」，並不是說所寫的文章，一定要完全合乎古人所謂「文以載道」的要求；也不是要求寫作時，一定要歌功頌德，滿篇道德仁義。它最主要的要求，其實只是要求雅正，要注意各種文體、文類的不同，寫發乎情、合乎禮義的文章。

發乎情，就是寫自己真實的情意；合乎禮義，就是合乎社會共同的規範。如果你所表達的情感或意見，不合乎社會的規範和公眾的要求，那麼，即使你所表達的是你自己最真實的情意，也要加以節制或改正。古人所以說要寫好文章須從涵養性情、端正思想開始，原因在此。不過，我還是要說，因為各種文體、文類的不同，這方面的要求，也就有程度上的不同。

文體和文類的觀念，很容易混淆，歷來談論者往往將二者混為一談，雖然各有其道理，但為了釐清觀念和便於說明，我們如同上文所述，把記敘、抒情、論說和應用文這種比較傳統的分類，統一稱為文體；而把散文、詩歌、小說、戲劇、評論等受到近代西方文論影響的分類，統一稱為文類。

同樣要求雅正，論說文的要求是最嚴格的。論說文為了說明道理，發表議論，一定要明辨是非善惡，區別優劣高下，而且一定要審定題目，確立宗旨，不容含糊蒙混。例如題目是「科學救國說」，那是說明文，寫作的重點應該放在：科學的重要，科學和救國二者之間的關係上。題目是「科學足以救國，亦足以亡國，試申論之」，那就不只是說明文，而是議論文；除了說明科學的重要、科學和國家興亡的關係之外，最好還要發表議論，提出自己的看法。又例如題目是「少年立志說」，雖然性質上是說明文，除了說明少年立志的重要之外，一定還要強調少年所立定的志向，是光明向善的一面，是奮發有為的一面，千萬不可開玩笑，說立志要做自私自利或為非作歹之事，那是違背社會規範和公眾要求的。

對於記敘文來說，記人敘事，寫景狀物，所謂雅正，不是說只寫好人好事，只寫美麗的景物，而是要注意：把握全面，捉住要點，記人敘事要有本末先後，寫景狀物要細緻生動。記好人好事，一定要寫出好在哪裡，反之，也要寫出壞在哪裡，但都一定要寫得具體，能給人深刻的感受。寫景物，一定要寫出它的特色在哪裡，寫出它與眾不同之處。每一座山峰，每一條河流，都有自己獨特的面貌，甚至是小小的樹葉，每一片樹葉也都不會與其他的任何一片樹葉完全相同。因此，平時就要養成多多觀察、多多比較的習慣。多看多想，多多充實學識。只要對所描寫的對象，存有忠實之心，不扭曲，不虛矯，深入地觀察，細膩地描寫，也就可以稱為雅正了。

因此，面對記敘文的題目時，你一定要先確定你所要描寫的對象，究竟是什麼，它有什麼特別的地方或現象，發生在什麼時間和地點。千萬不要像從前有些人，在臨題作文時，寫美人只會寫「眉似春山，眼如秋水」；記事情只會開頭說：「光陰似箭，歲月如梭」；寫遊記只會寫「沿途風光如畫，看到了很多不知名的花花草草」。那就是對寫作不忠實，立意不正。

論說文重在論析道理，記敘文重在觀察事物，抒情文則重在抒發情感。情感或觸景而生，或感事而起，因此它與論析道理、觀察事物也直接或間接有關係。有論析道理的能力，所抒發的情感才不會流於偏頗；有觀察事物的能力，所抒發的情感才會深刻細膩。抒情文常依附在記敘或論說的文體之中，道理也就在這裡。

抒情文，不論是觸景而生，或感事而起，不管是寫喜怒哀樂，它的產生，往往來自一個偶然的觸發。有時候只是一句話，或一個簡單的意念，一個聲音或一個影像。當它來臨時，衝擊著作者的心靈，讓他感動，不能自已，因而泉湧而出。表面上看來，像是偶然的觸發，事實上，它卻是長期的積累而來。沒有長期的積累，也就沒有偶然的觸發；或者說，即使有偶然的觸發，也未必能感動讀者。朱自清的〈匆匆〉，是一篇富於哲思、描寫細膩的抒情文，它的產生，固然來自他敏銳的生活觀察，但也來自他平日所積累的學識和閱歷，所以才能把「光陰似箭」這種人人都能感受卻寫不好的題材，寫得如此情思動人。〈匆匆〉作於民國十一年（一九二二）三月，那時候「五四」運動已轉入低潮，青年們思想普遍苦悶，朱自清此文一方面寫出青年們歲月匆匆的共同感受，一方面又促使青年們反思青春豈可虛度。這種寫法，雖非正面積極，但也不失為立意雅正的道理。

三、意內言外

「意內言外」，本來是古人用來解釋「詞」這個字的意義的，後來文學批評家卻用它來指內容有寄託之意的作品。本來它說的是「在心為志，發言為詩」，只要把內心的情意用語言文字表達出來，都可叫做「意內言外」，但後來卻把它解釋為：它在語言文字的背後，還有言外之意、絃外之音，還有更深一層的寓意。

上文已經說過，文章以立意為主，而且立意必須雅正，但所謂雅正不雅正，各種不同的文體要求不一樣。照道理說，論說文重在說理透徹詳明，有什麼話該說，應該正面全面在文中說明白，不必再有什麼言外之意、絃外之音了。記敘文和抒情文，在寫人狀物及抒發情感時，有時由於現實的考慮或避諱，有的事情故意略去不提，只用比興的手法，曲筆暗示，要讀者自己從語言文字的背後，去領會更深一層的寓意。這種情況當然有，尤其在古代的詩詞中，更是常見。青少年朋友，在小時候所讀過的寓言、故事、或童話裡，也不乏這類作品。不過，對青年朋友來說，不要太在乎這個。千萬不要看別人的文字時，以為每一個字句背後都有什麼言外之意，而自己寫作時，也不必刻意過度的講究比興寄託，寫到香草或美人，就一定聯想到賢人或君王。如果那樣子，就無異是作繭自縛了。自然而然，水到渠成，最為理想。否則，寧可把「意內言外」解釋為：文章固然以意為主，但語言文字也很重要。換句話說，內容與形式應該並重。對青年朋友或初學者來說，在內容上能把握題旨，不要離題，和在形式上能寫得文從字順，都一樣重要。

想要求有題外之旨，不如先把題內的問題想清楚再說。想要求有言外之意，不如先求文從字順，把文字寫得通順明白再說。

曾經聽過一個笑話，不知真假：有個中學老師開學第一堂上作文課，命題為「自畫像」，其實就是要學生寫自傳，介紹自己。想不到有一位同學很快繳了卷，上面畫了幾幅漫畫，卻沒有任何文字。老師詫異地問他為什麼不作文。那位同學答道：「老師不是要我們自畫像嗎？」老師這才羞惱地說：「我們上的是作文課啊！」

上作文課，當然主要是作文，不是漫畫。如果命題之後，老師曾向學生解釋命題的用意，當然不會鬧這個笑話。而如果學生自己也想到這是上作文課，仔細想想題目的用意，大概也知道這該寫記敘文，描寫自己最想介紹給別人的部分，也當然不會鬧這個笑話。

上述「燈塔與燭火」那個試題，有考生寫抒情新體詩的原因，是因為他忽略了作文考試的慣例，作「文」不是作「詩」。考題下面通常是有特別注明的。另外有考生寫的內容是：黑夜裡手持燭火，到燈塔內與男友幽會……。這也是不審題意的緣故。「燈塔」和「燭火」是大小強弱不一樣的光亮，但它們異中有同，同樣可以給人光明。如果從這方面去作分析、比較和描寫，寫說明文也好，夾議夾敘也好，都不會離題。但該考生卻像寫小說一般，把「燈塔」和「燭火」當做故事發生的地點和道具，重在描寫幽會的經過，而把這兩樣東西輕輕帶過，沒有賦予它們什麼意義。新詩和小說都是文藝創作，優秀的作家作品，青年朋友應該多讀多學，但不必諱言，有些作品是不適合青少年朋友閱讀及學習的，這方面還需要有師長多多從旁輔導。

我曾為大學聯考出過一個作文題目：「看重自己，關心別人」。當時的教育部長朱滙森先生以及一些教育界前輩試後都表示贊同，認為與「為學與做人」、「自立立人說」等等一樣，學生容易發揮，而且容易區別高下。但也有人說題目自相矛盾，認為既然「看重自己」，就不會「關心別人」；既然「關心別人」，就不應「看重自己」。如果考生有這樣的想法，那麼他的作文，立意就有問題了，下筆論二者關係時，也就不可能文從字順。「自立立人，自達達人」的「自立」、「自達」，表面上看，和「立人」、「達人」都可以說是互相矛盾對立的，但如果能夠認識到要「立人」之前，先須「自立」；要「達人」之前，先須「自達」；要關心別人、幫助別人之前，也先須看重自己，等到自己奮發向上，有了成就以後，才可能辨得到。題目看清楚了，主題把握住了，然後選材、構思、下筆時才容易文從字順。文從字順，固然是修辭的工夫，但是它的基礎，卻建立在主題正確的認定上。

因此，主題是文章的內容核心，也是文章表現形式的焦點。主題確立之後，該用記敘、抒情或論說的哪一種文體來寫作，該用詩歌、散文、小說或戲劇的哪一種文類來表現，都是寫作者在審題之後，在選材、構思之前，應該思考的問題。

第5講 選材

一、材料的選取

選材，是指作者在寫作前所搜集所選取的材料，以及用來表現主題的事物和觀念。沒有材料，就談不上有什麼內容主題了。未經作者提煉的材料，叫素材；經過作者選取後，能夠切合主題、論點需要的材料，叫題材。

材料的獲得，除了少數是出自臨時的感發和構思之外，大部分要靠平時的採集、儲備和積累。平時準備的工夫越充實，臨筆構思時就越有信心，不會慌亂，不會「臨表涕泣，不知所云」。劉勰《文心雕龍・神思篇》說：「積學以儲寶，酌理以富才，研閱以窮照，馴致以繹辭。」積學、酌理、研閱此三者，正是「馴致以繹辭」寫出好文章所需要的、最基本的準備工夫。

積學，是說充實學識，多讀書。書中所記，多為古人前人智慧的結晶，裡面不但有許多寶貴的經驗，而且還有許多寶貴的提示和教訓，無論是為學或做人，都有很多材料可以拿來做為借鑑。酌理，是說斟酌情理；研閱，是說研究觀察。這是說明：除了多讀書以充實學識之外，還要多想、多看，還要多體會、多觀察，這樣才能豐富才思、明白事理。

多讀、多想、多看，多讀書、多體會、多觀察，這是古人教我們做好作文儲備材料的方法。這些雖然是老生常談，但所說的卻是古今不能顛破的道理。一個人的時間和精力都很有限，學問知識的獲得，實在不能不依靠、不能不汲取古人和他人的經驗。而且，從書中汲取別人的經驗之後，還要自己在現實生活中，切實去體會，親身去觀察，這樣才能印證所得，而化為己有。這樣所獲得的素材，也才能化為寫作時真正可用的題材。

從前，古人要學習寫詩作文，有《增廣詩韻集成》、《事類統編》之類的工具書，可以做為寫作時選取材料的參考；現代人由於電子科技的發達，在電腦前按一按滑鼠，點一點搜尋工具，也很快就可以找到很多很多相關的資料，因此很多人把材料的搜集和選取的工作，都看得太簡單了，以為一查就有，一點即通，事實上這是錯誤的想法。如果自己平時不肯多讀、多想、多看，學識沒有根柢，體會不夠深刻，觀察不夠周全，臨時從電腦或工具書中去找材料，即使找的材料非常之多，也將不知如何使用，或者不能善加運用。因此，就今日言之，青年朋友還是要對作文的選材問題，多多用心。

平時對於作文素材的搜集與儲備，當然越多越好，所謂「韓信用兵，多多益善」。積累越多，組織運用時，也就越容易調度，得心而應手。不過，所搜集的素材，不見得都有用，或者說不一定都用得上，因此對於所採集的素材必須有所選擇，有辨別取捨的能力。必須割愛的時候，就必須割愛。

關於材料的搜集和選擇，有人說必須注意下列四個標準：

一、要能掌握正確完整的資料。
二、要能切合現實生活的環境。

三、要能反映客觀事物的真相。

四、要能表達自己真實的情意。

除了這「四要」的標準之外，還有人進一步提出了「五要」的說法：

一、搜集材料要周全。

二、選擇材料要精審。

三、應用材料要恰當。

四、排比材料要允稱。

五、運用材料要巧妙。

「五要」之中的後面三項，雖然與資料的選擇有關，但重點已在材料的如何運用方面。關於這些，留待下面第三節再作進一步的討論。這裡要舉例補充說明的，是前兩項以及前面所說的「四要」。

《史記·呂不韋傳》曾經記載呂不韋聚眾門客而合寫《呂氏春秋》的經過。從其成書經過中，可以看出材料的採集、選取，多麼需要注意周全而縝密的原則：

呂不韋乃使客人人著所聞，集論以為八覽、六論、十二紀，廿餘萬言，以備天地萬物古今之事，號曰《呂氏春秋》。布咸陽市門，懸千金其上，延諸侯游士賓客，有能增損一字者，予千金。

由此可見：《呂氏春秋》之成書，是請眾門客「人人著所聞」，寫的都是門客自己最熟悉的親身的經歷；「集論以為八覽、六論、十二紀、廿餘萬言，以備天地萬物古今之事」這一段文字，意味著該書合眾人之力，能夠掌握當時完整而周全的資料；最後在完稿之後，還公布在咸陽市門之上，聲明只要有人能增刪一字的，就獎賞千金。這不但表示了文辭恰當，不可改易，也表示了材料非常精審，必然能反映客觀的事實，切合當時的社會環境。因為具備了「四要」的這些條件，所以《呂氏春秋》才成為古代一部重要的文獻參考書。選用的資料周全而精審，合乎客觀的事實，才有可能寫出好文章。專書如此，單篇作文也一樣。如果不具備這些條件，那麼，結果又將如何呢？且讓我說個眼前的一個小故事。

當我正在寫這本書的時候，有一天搭乘臺北市「敦化幹線」的公共汽車，在車廂內讀到公車處本年度（民國九十九年）公開徵文比賽的一篇得獎作品，是一位國中女學生所寫的短文。內容寫的是：有一天晚上，她回家的時間晚了，公車上已無其他乘客，當她下了公車，正懷著緊張的心情，走在暗路上時，想不到那位公車司機伯伯竟然開車過來，好心地送她回家。

我想這篇短文得獎的原因，除了文字流暢之外，最主要的，是因為她寫出了那位公車司機的愛心，符合了公車處徵文的宗旨。可是，宗旨符合了，主題寫公車司機的愛心也沒有錯，然而她所選取的材料卻有問題，值得大家商榷。

為什麼？你認為那位司機「伯伯」可以自行單獨開公車送一位國中女學生回家嗎？

可見審題、立意之外，所用的題材也非常重要。你所選取的材料，和你所要表達的主題內容，有必然的密切關係，和你文章的好壞，也有必然的密切關係。

二、材料的儲備

要寫好文章，不但要多多採集資料，選擇資料，而且要多多儲備資料，以備不時之需。

不管寫什麼題目，當我們立定主題之後，就需要用各種恰當適宜的材料來表現主題和論點，文章的內容核心和形式表現，其實也差不多就在這時候決定了。這有如食材之於飲食，布料之於衣服，建材之於房屋，將來成品的品質是否優美高尚，差不多在選擇什麼材料時，已決定了一半。如果你想要擁有優美高尚的成品，卻找不到適宜的材料，食品不夠新鮮，布料不夠精緻，建材不夠堅固，那麼，回到作文來說，縱使標題立意再好，也是枉然。

因此，平時就要養成儲備各式各樣材料的習慣，以免「書到用時方恨少」。儲備的材料，當然越多越好。所謂「上窮碧落下黃泉，動手動腳找材料」。

文學、歷史、宗教、藝術……，一切人文社會，乃至自然科學等等的範圍，都應該包含其中。中外古今，宇宙萬物，種種切切的知識，都是平時應該採集、儲備的對象。過去在封建時代的舊社會裡，讀書人普遍有個錯誤的想法，以為「萬般皆下品，唯有讀書高」，而且以為讀書，讀的不外是經、史、子、集的一些古書而已，其他一概可以束之高閣。這種想法，如今已不合時宜了。現在流行的觀念是：行行出狀元。事實上，一個健全的民主社會，各行各業都需要有各式各樣的人才，文學家、藝術家、科學家、實業家……等等，等等，都同樣對社會有貢獻，都同樣重要。社會需要各式各樣的人才，學校所要培養的，也應該是依照學生各自不同的志趣，給予適當的輔導和訓練，希望他們將來畢業後，在社會上有不同的成就和貢獻。

因此，千萬不要把國語文只當成學校課程中的某一門學科，也千萬不要把作文課只當成國語文課程中的某一個作業。語文是一切學問的基礎，語文的根柢不好，無論學什麼學科，基礎就不會牢固。而且，你的語文根柢好，文章寫得通順，無論將來你從事什麼工作，什麼職業，從政也好，從商也好，科學家也好，工程師也好，你想傳授你的經驗，表達你的意見，你也才有可能如願以償。也因此，從一開頭，我們就強調，本書的所謂作文課，是為一般的初學者及青年朋友而設，我們不是希望他們將來一定成為文藝作家，而是希望他們能夠接受各種寫作輔導及訓練，可以寫各種不同體裁、不同類型的文章，以備將來之需。

對於還在學校讀書、準備升學的青年朋友來說，多方面的充實學識，多方面的儲備材料，尤其重要。所謂「不薄今人愛古人」，古代詩文固然要讀，現代作家的作品也要讀，時事更要關心，如此才可以一方面與其他學科互補互用，互相發明，另一方面在面對不同方式的命題時，不至於「書到用時方恨少」，或面對題目時，停筆心茫然。大概三十幾年前，報刊曾大幅報導美國發射「太空梭」的消息，當時高雄中山大學研究所的作文考試，即以此為題，結果頗多考生不知如何下筆。多年前臺大的一次研究所入學考試，作文題目是「與友人論學書」，竟然也有些學生把題意解為「與朋友論如何學習書法」，有些雖然知道題意該用書信體「與朋友討論為學之道」，但所舉的例證和論據，卻少得可憐，大多限於大學中學時代所讀過的幾篇課文。由此可見，多少年來，我們的青年朋友，對於寫作時的審題、立意，不太注意，對於平時作文材料的採集與儲備，也一向忽視了。

又如民國九十八年（二〇〇九）臺灣發生「八八風災」，南部若干山區洪水氾濫，有些「漂流木」奔流而下，漂浮於河海之上。不久即有聯考作文題目，以此命題。題目為：「漂流木的獨白」。據說一些考生，面對如此取自現實生活的題目，不知如何運用想像，如何起筆才好。由此亦可見，多少年來，我們的青年朋友，以為作文就是讀讀一些課文，背背若干名言，其他看運氣。不知要多讀多寫多討論，不知要多看多想多觀察。其實，要作文好，課內範文固然要精讀，課外的書刊也要多多瀏覽。古書要讀，時事也要接觸。書讀得越多，越能互相印證；知識接觸越廣，越能觸類旁通。讀得多，知識廣，才能為寫作儲備許多可用的材料。

所謂儲備許多可用的材料，不止是指書本上的知識，連現實生活中的人、物、事，社會新聞，國家大事，國際動態，也都在關心、採集、儲備的範圍之內。平時多看多想，多多體會觀察，才有可能在寫作時，把所儲備的素材，化為切合主題所需要的題材。

說儲備的材料要多要廣，一定有人說：時間不夠。對青年朋友來說，要上課，要運動，要娛樂，要打電腦上網路，當然更容易覺得時間不夠用。在這種情況下，想作文作得好，在選取材料、儲備材料時，應該怎麼辦才好？

多讀多寫，多看多想，仍然是不二法門。在時間允許的範圍內，你還是要秉持這個原則。不過，有個經驗可以告訴青年朋友：不妨先把你的讀書所得，以及書本上所得的經驗，和你現實生活中的親身體驗結合起來。這樣子，古人他人的智慧，才會真的為你所有，變成你所儲備的材料。你需要它時，它才會來到你的眼前筆下，供你使用。

你要把所選取的材料，不管是平時積累的或臨時採集的，分門別類，隨時記在筆記本裡，或儲藏在電腦中。這樣子，平時有空多多溫習，涵泳玩味，臨時要用時，也才可能觸發靈感。但是，千萬不要以為電腦可以為你儲藏所有資料，可以為你的寫作儲備很多你所需要的資料，它們來得快，也往往去得快。沒有經過你細讀深思，沒有經過你親身體驗印證的學識，通常在你放下書本，離開電腦不久，它們也就消失不見了。

三、材料的運用

剛才說寫作的材料要知所選擇，所選擇的材料要周全而精審；要多所儲備，所儲備的資料要越多越好。不過，光是這樣還不行，會選擇，會儲備，還要能善加運用，才能寫出好文章。上文所說的應用材料要恰當，排比材料要允稱，運用材料要巧妙，都是一些最基本的原則。

我們讀古今名家範文，讀一些千古傳誦的經典名著，應該記得不少名人故事、嘉言懿行或名篇佳句，這些都是我們平時就可以採集、儲備的材料。平時有採集、儲備，真的積累多了，等到我們臨題作文或臨筆構思時，才可以驅之於筆下，用之於篇中。這就叫做「養兵千日，用在一時」。如果平常採集、儲備的材料很多，寫作時卻不知善加運用，或不知如何應用，那就好像未曾採集、儲備一樣。因此，有了材料，還要懂得運用，而且要用得恰當。古人在這方面是很講究的。所謂「用典」，就是其中最常見的例子。

例如唐代古文大家韓愈的〈師說〉，他要說明「聖人無常師」的道理，就引用了《論語》上孔子所說的：「三人行，必有我師焉」，來做為例證；像清代大臣曾國藩的〈原才〉，他要說明「風俗之厚薄，社會之隆污，繫乎一二人心之所向」的道理，就引用了《周易》的：「水流濕，火就燥」，來做為例證。這種引用的典故，取其文句，用其字面的意義，叫做「文典」。韓愈、曾國藩上述對古書「文典」的應用，讀起來順理成章，都很恰當自然，顯然不是把典故硬套上去的。這樣的用典，文從而字順，才合乎寫作的要求。

又如初唐詩人駱賓王的〈易水送別〉：

此地別燕丹，壯士髮衝冠。
昔時人已沒，今日水猶寒。

前兩句用的是戰國時代著名的「荊軻刺秦王」的典故。燕太子丹在易水送別荊軻時，高漸離擊筑，荊軻慷慨悲歌：「風蕭蕭兮易水寒，壯士一去兮不復還」。當時送行的人無不怒髮衝冠，充滿著同仇敵愾的悲壯氣氛。這種典故，叫做「事典」，是用其故事，而非襲用其文字。駱賓王如果平時不知道這個故事，那麼他在易水送別友人時，就不可能即時利用這個「事典」。如果他應用這個「事典」，不是切合時間地點，那麼就不可能寫出如此自然感人的詩篇。顯然他也不是把材料硬套上去的。

因此，材料不僅僅要多搜集、儲備，而且要懂得應用，更要用得恰當貼切。以上所舉的「典故」，只是其中一例而已。

搜集、儲備的材料多了以後，固然下筆時不怕沒話說，但材料一多，有時候也要注意會有流弊。流弊在於：不忍割愛，或畫蛇添足。不忍割愛，是由於平日積累多了，一旦用得著，恨不得傾巢而出，精銳盡出。畫蛇添足，是由於下筆順利，不知見好就收，有意逞才炫學。這樣子，就容易過度鋪陳排比，而不知有所剪裁節制了。

材料不夠，要多充實；材料太多，也要知所剪裁。這樣才能運用自如，排比得法，長短得宜，恰到好處。

例如上述朱自清的〈匆匆〉，要抒寫青春一去不復回的惆悵，開頭就用了三組排比的句子來寫春天的景物：

燕子去了，有再來的時候；
楊柳枯了，有再青的時候；
桃花謝了，有再開的時候。
但是，聰明的，你告訴我，我們的日子為什麼一去不復返呢？

「燕子」、「楊柳」、「桃花」三整句排比而下，增加了文章的氣勢，令人欣賞。但三整句的意思，其實只是一個意思，都用來對照「我們的日子為什麼一去不復返呢」那一句，說明自己青春年華的虛度。如果把三整句合併為一句，例如改成這樣：「燕子去了，有再來的時候，聰明的你，告訴我，我們的日子為什麼一去不復返呢？」可以說內容意思跟原本並無不同，但文氣卻不一樣了，節奏也不一樣了。如果在原來的「燕子」、「楊柳」、「桃花」三整句之外，又加多一兩組「○○○了，有再○的時候」之類的句子，那又一定顯得過於繁瑣累贅，相信讀者都不會喜歡。

西漢初年洛陽才子賈誼〈過秦論〉的開頭，曾經這樣說：

秦孝公據崤函之固，擁雍州之地；
君臣固守，以窺周室，
有席卷天下，包舉宇內，
囊括四海之志，併吞八荒之心。

文章八句雙行排比而下，很有氣勢。如果只是為了文字簡化，可以把它改成：「秦孝公據崤函雍州之地，以窺周室，有席卷天下之心」，只剩下三句，意思雖然一樣，但文氣卻大不相同了。可見文章不講辭采，可能氣勢不夠，但是文字排比太多，無異堆砌辭藻，也會令人厭煩。漢魏的辭賦，六朝的駢文，就是過於追求典故的排比、辭藻的堆砌，而被後世讀者所詬病的。過猶不及，洵非虛語。

因此，「文典」也好，「事典」也好，都可以用，但要用得恰到好處。文句長也好，文句短也好，整齊也好，錯落也好，只要用得好，都沒有什麼不好。古人說：「運用之妙，存乎一心」，又說：「神而明之，存乎其人」，材料是固定的，但材料如何運用，則人人各有不同。這就要看寫作者究竟如何構思，如何修辭了。

第6講 構思

一、結構與運思

寫文章，在確定主題、選擇材料之後，就要根據所立定的題旨，對所選擇的材料，分主次加以提煉加工。哪些材料該詳該略，該先該後，都要先考慮清楚。文章的開頭和結尾，應該如何起結，中間所安排的材料，應該如何銜接和照應，也都要在下筆之先，有初步的規劃。換句話說，構思就是指文章的組織方式，講求的是章節與章節之間的關係，章節與全篇之間的關係。有人把「構思」稱為「布局」或「謀篇」，就是在分別強調局部和全篇之間的緊密關係。名稱雖有不同，實質上卻無差異。前人常說構思有如建造房屋的藍圖，有了它，則「前後、左右、高低、遠近，尺寸無不了然胸中，而後可施斤斲」，這是非常恰當的比喻。上文所說的「胸有成竹」或「成竹在胸」，也是這個意思。

構思，包括結構和運思兩個方面。所謂文章的組織方式，既指內在情意的聯繫，也指外在形式的統一。它不但要根據立意的要求，有條理有層次地安排材料，分別其主次先後，而且也要進行一種創造性的思維活動，有脈絡有規律地組織材料。它一方面要能表現作者主觀的情意，另一方面也要顧及客觀世界的制約。用上文說過的觀念來說，它是內在情意「言有物」和外在形式「言有序」的結合過程。結合的目的，是希望所寫的文章，能夠成為一個有生機有生命的整體：開頭結尾要統一，前後脈絡要聯貫；結構要謹嚴縝密，運思要生動靈活。古人說：「出乎意料之外，合乎情理之中。」可以移此作注。

不過，由於文章有論說、抒情、記敘等等體裁的不同，因此組織的方式和結構的要求，也就隨之而異。

文章的開頭，通常要扣緊題目，用三言兩語來點明題旨。最好能用一些簡明精粹的妙語警句，來吸引讀者的注意。陸機〈文賦〉說的：「立片語而居要，乃一篇之警策」，就是指此而言。論說文通常使用的是破題法，開門見山，一開頭就點破題旨，說明立意之所在，然後才逐步提出論據和例證。記敘文和抒情文有時候也用這種方法，但變化比較多，可以先在題目的周圍，寫些別的事物，引起話題，然後才進入主題；也可以先用反問、襯托等等不同的方式，來引起讀者的興趣。

文章的結尾，通常要和開頭相呼應。一般而言，結尾的語句也要簡明精粹。前人說：起句要如爆竹，結句要如撞鐘，都說得妙。論說文結尾要總括上文，下個結論，以呼應主題。記敘文和抒情文的結尾，則通常「言不盡意」，不把話說盡，記人敘事只寫最動人的情節，寫景狀物只寫最精彩的部分，特別是抒情文，往往要留下一些空白，所謂言外之意，絃外之音，讓讀者自己去尋思，去回味。這和論說文以及一些以實用為主的應用文，是有所不同的。

初學者對於文章的開頭和結尾，往往覺得最難下筆，因此常常背一些套語來應付，其實都太緊張了，唯恐「語不驚人」，真是不必要。只要抱著平常心，順著題意來寫，適當地取材構思，自然可以水到渠成。

開頭、結尾之間的部分，是正文。是文章中間的主幹，也是全篇最主要的部分。作者要論說的道理，要抒發的情感，要記敘的人事景物，都在其中。因此，平時所採集、儲備的素材，一時間內都要很快地經過篩選，化為可以運用的題材，用心來安排經營。該分多少層次和段落，該作什麼過渡和照應，都要依照文章的性質、題材和體裁的不同，作不同的處理。

一般來說，記人敘事、寫景狀物的記敘文，特別是以描寫為主的文章，最容易歸納出來它們的段落層次和寫作順序。依照先後順序或因果關係的，叫「順敘」或「正敘」；由後而先或先果後因的，叫「追敘」或「倒敘」；敘完一事，又加敘一事的，叫「補敘」；敘述一事，又插敘他事的，叫「插敘」。論說文和抒情文則較為複雜，既然同需記敘，卻又互相對立；論說文必須針對所構思的主題，利用材料進行全面的思考，作綜合分析和演繹推論；而抒情文則可就主題的某一部分，利用想像和聯想，創造或激發一種個人獨特的形象和觀念。關於這些，下文會有進一步的分析和說明。

古人往往把文章分為三大段或四大段。分為三大段的，主張要像「鳳頭、豬肚、豹尾」一樣，意思是「起要美麗，中要浩蕩，結要響亮」。分為四大段的，主張「一曰鼠頭，欲精而銳；一曰豕項，欲肥而縮；一曰牛腹，欲壯而大；一曰蜂尾，欲尖而峭」。譬喻雖然不同，但強調起結要簡明精妙，中間要多加鋪敘，則是一致的。詩文理論如此，詞曲戲劇的主張也是如此。即使今日言之，道理也還是應當如此。

文章的組織結構，在理論上，誠如上述，下筆之前，所謂「意在筆先」，應該已先立定題旨，構思完畢，不宜再有更動。就論說文來說，確實如此，但對記敘文和抒情文而言，卻不盡然。插敘、補敘的情節，悲喜怨悔的感情，改來改去、前後不同的，古今中外都不乏其例。尤其是小說和戲劇，中途改寫或結局改變的更多。有的是自己改，有的則是別人改作。《水滸傳》、《西遊記》、《紅樓夢》固然如此，近現代如魯迅的《阿Q正傳》和金庸的《射雕英雄傳》等等，亦莫不如此。不過，有一點是可以確定的，不管情節怎麼改變，章法怎麼調動，首尾呼應、前後聯貫、層次分明、組織嚴密，則是所有寫作者的共同要求。

二、想像與聯想

想像，是一種創造性的思維活動，對寫作而言，它是構思的一個過程和方式。文章的內容主題，是一個材料又一個材料組合而成的，而它的組織方式，也是用像一幅又一幅的圖像一般的思維活動組合而成的。

以前很多人以為想像是文學藝術工作者胡思亂想的東西，沒有什麼討論價值。近代以來，才開始有不少科學家、發明家出來為它辯解，認為通過想像，才有可能創造新的形象或新的觀念。有人說，沒有它就不可能發明微積分；有人說，沒有它一切知識就不能進步。發明「相對論」的近代物理學家愛因斯坦（Albert Einstein, 1879-1955）就這樣說過：「想像力比知識更重要」、「想像力是科學研究中的實在因素」。

可見想像是文學創作和科學研究的源泉。一個人如果只知累積知識而缺乏想像力，就只能因襲前人而不能創造新形象和新觀念。

想像，總有形象可言，絕非抽象的思維。它有的來自自己的生活體驗，和對往事的一些回憶。你看過什麼景物，經歷什麼事情，當你去回想時，那些景物的形象，那些事情所涉及的人物模樣等等，都會再度呈現在你的眼前。譬如說你見過荷花，一提到荷花，你眼前馬上就會浮現荷花的形象；你從小就與父親相處，他的體型如何，長相如何，喜歡穿什麼衣服……，在你的生活中，一定會留下許多不同的印象，當你回想時，它們也都會一一呈現在你的腦海裡。這些記憶中的印象或形象，其實都只是記憶，只是事物的重現，而不是我們這裡所說的想像。想像，是透過記憶將形象加以抉擇，換言之，已將原有的材料，經過感情和理智的抉擇，加以改造了。因此，朱自清的〈荷塘月色〉，固然寫的是他在一個月夜漫步荷塘的回憶，可是文中對於景物的描述，已加進了他很多富於創意的形容和夸飾；他的〈背影〉，固然寫他父親的體型、衣服、背影等，但已經過剪裁，只集中描寫浦口火車站送行所見的一幕。這些都不只是記憶，而是有創造性的思維寓乎其間。

有的想像則是來自他人的著述，或相關的文字、圖像、聲音等等資料，利用自己的生活經驗和知識積累，來加以提煉改造。王維有一首〈渭城曲〉：

渭城朝雨浥輕塵，客舍青青柳色新。
勸君更盡一杯酒，西出陽關無故人。

這首詩很有名，在宋代有人譜成曲子，畫成圖畫。大詩人黃庭堅就有一首〈題陽關圖〉的詩：

陽關聲裡無形影，畫出無聲亦斷腸。
想見陽關更西路，北風低草見牛羊。

顯然這是根據王維的詩，再加上北朝民歌〈敕勒歌〉的「天蒼蒼，野茫茫，風吹草低見牛羊」提煉而成。第三、四兩句所運用的想像，雖然是幻想，不是出自詩人親身的體驗，但讀起來，卻覺得合情合理。因為它們有真情，有創意，而且合乎客觀事物的規律，所以才仍然予人真實感。十八世紀德國作家歌德（Goethe, 1749-1832）曾說：他在想像中，能夠看見樹苗如何生長。十九世紀俄國作家托爾斯泰（Leo Tolstoy, 1828-1910）曾說：他在想像彼德大帝的形象時，連他坎肩上的一點污痕都看得見。這些道理都同樣說明了想像雖然常常脫離現實，超越現實，有幻想虛構的成分，但它們必然是植根於現實生活，有客觀的事物可做印證。中國神話中的「精衛填海」、「夸父逐日」，西方童話中的「小人國」、「白雪公主」，科幻小說和游仙詩中的虛構的奇異世界，大都是創作者將很多不同的寫作素材，重新分解、組合而成。分解、組合的構思過程中，一切論述，還是必須合乎客觀世界的邏輯和規律。

聯想，雖然也來自生活記憶和知識累積，但和想像不同。想像有幻想虛構的成分，有創造性的思維，而聯想則是指由一個事物想到另一個事物的心理過程。大抵和古人所說的比興、寄託相近。聯想的產生，通常是由於這兩個產生聯想的事物之間，形象有相似或相對立之處，或者在時間、空間、因果上有某些關係，所以在心理活動的過程中，才會以此物比彼物，或者由眼前之物以引起所詠之事。《詩經・國風》第一篇〈關雎〉詩，由「關關雎鳩，在河之洲」起興，藉雌雄和鳴的魚鷹，來寫「窈窕淑女，君子好逑」的愛情，是由於這兩個事物之間有

「在河之洲」及男女相悅的關係；《詩經・魏風》中的〈碩鼠〉篇，藉「碩鼠碩鼠，無食我黍」來寫對統治者的憎恨，也是由於碩鼠和貪官在形象上有相似之處。

因此，聯想是以記憶回憶為基礎，在不同的事物中找出其關聯性，而加以聯繫組合。它們雖然不像想像那樣活潑，有創意，但它們在寫作的過程中，在構思如何組織材料的時候，卻能觸動作者的靈感，喚起種種生活經驗和知識積累的記憶，因而加深了對材料的認識，同時深化了強化了主題的內容。

想像和聯想，不管從事任何學科，都不可或缺，特別是文學藝術工作者，更需重視。對寫作而言，記敘和抒情，如果沒有想像和聯想，就了無趣味可言。沒有豐富的想像力和聯想力，作品中就不可能產生新形象和新觀念。

三、分析與演繹

如果把人類的思想情感，分為感性和理性兩種，想像和聯想，是比較屬於感性的，而分析與演繹則比較屬於理性。這裡所說的分析與演繹，包括從分析、歸納到演繹的過程。

分析、歸納和演繹，其實也都是一種有創造性的思維活動，但它們比較講究邏輯，具有科學思辨的精神，所以在文章的閱讀與寫作中，比較適用於論說文，和記敘文中的敘寫事物等類。

分析是對客觀事物的整體，作個別的逐層的分解和研究。分析時，可以從時間的先後入手，剖析事物的歷史淵源和發展過程，分為若干階段，逐段加以考察；也可以從空間的位置入手，探究事物的內外聯繫和正反變化，分為若干層面，逐層加以考察；更可以從因果的關係和數量的比較等等入手，作更進一步的深入分析研判。總之，分析是要把原先整體的籠統觀感或印象，個別放大，分開考察，從不同的現象比較中，探求其潛在的本質。

歸納則是在分析的基礎上，對所探究的事物和現象，再結合起來，加以考察。經過個別仔細的觀察，內外異同的比較，應該可以更客觀、更具體、更完整地看待所談的事物。歸納和分析是互為終始的，必須先有整體，才能談分析。如果分析以後，只分不合，雖然可以越分越細，越探討越深入，但難免會捨本而逐末，因小而失大。因此為了避免過於片面化，必須在分別探析之後，又再綜合起來，作整體全面的觀照。這時候的整體全面，已經經過分析和綜合的階段，和原先整體的籠統觀感或印象不大相同了。

就論說文來說，說明文重在陳述意念，說明道理，分析的部分主要在中間正文的章節片段之間，歸納綜合前後章節的序論和結論，則應該安排在文章的開頭和結尾。中間的正文部分，或從時間、空間的層次，或從因果、數量的關係，來逐層逐步分析討論。議論文在陳述意念、闡明事理之外，更要評斷是非，樹立主張，因而更需要內外兼顧、正反兩面反覆推求，多舉例證，多加演繹。

演繹，是在分析、歸納有了初步結論之後，所作的進一步推衍和評論。它通常被安排在末段的結尾之後。它不是畫蛇添足，而是乘勝追擊。有人把演繹和歸納混為一談，事實上它們之間有分際。在分析、歸納的過程中，必然要用客觀敘述的文體，可是到了演繹時，卻不妨用些抒情的語氣。

上文說記敘文敘述描寫的順序，大致有四種：順敘（正敘）、追敘（倒敘）、插敘和補敘。這是純粹就記敘文的慣用敘述方式來說的，其實在寫作時，根據所定的題旨，把平時所搜集儲備的材料加以運用經營時，該用什麼體裁，該用什麼敘述方式，都不是一成不變，完全要依照內容的需要，或論說，或抒情，再分為若干層次或段落，來依序分別論述或抒寫。四種敘述方式，不必全用，至於該用哪些，也不一定。抒情文多由作者主觀去決定，論說文則較有固定的方式。

一般而言，論說文的題旨是明確的，是非曲直，正方反方，都不容假借。文章的開頭和結尾，亦即引言序論和結論的部分，都是立意之所在，開頭是總綱，結尾是結論，中間是分別項目、據理解析、舉例說明、引證闡述的過程，一方面要建立自己的主張，一方面要破除對方的意見。先提總綱，再分別闡述，經過客觀的分析、歸納，最後才下結論，這是最常見的方式。舉例引證時，先說大事，後說小事，先說正方，後說反方，這也是最常見的方式。不過，題旨道理必須固定不移，敘述論說的方式則可隨機應變。

曾有人說，同樣寫論說文，同樣對某一事物表示意見，學理工的人，多半先下結論，先說出自己贊成或反對，然後才逐步分項說出贊成或反對的理由；而學人文的人，則多半先繞著話題，正方的話也說，反方的話也說，轉個小圈子，甚至繞了一大圈，說了很多看似不痛不癢的話，然後才來個大轉折，說句「然而——」或「但是——」，最後才說出結論，說明他到底是贊成或反對。

這樣的說法，或許是有人開玩笑，但卻說中了寫作構思時的不同方式。先是提總綱，然後才分項分段加以說明疏解，先從正面肯定，然後才從反面思考；或者是：先分項陳述、分段說明，然後才得出結論，先駁斥反方，然後再肯定正方，這些不同的表現方式，其實都沒有問題。古人說：「道並行而不悖」，對寫作者而言，這句話絕對有道理。

第7講 修辭

一、表達的藝術

語言文字是傳情達意的工具，也是傳達訊息的符號。口頭的語言，書面的文字，能夠說得清楚，寫得精確，才可以充分明確地傳達訊息，表達情意。《左傳》說：「言以足志，文以足言。」《論語》說：「辭，達而已矣」，意思都是在強調：表達需要充分明確。充分明確，就是精準；如果過於講求技巧或忽略修辭，過猶不及，那都會影響情意的表達。

我們這本書，主要談文章寫作的問題，所以下文所說，多就文辭而言。

一篇文章的寫作，其成功與否，不但取決於立意之是否確定、選材之是否得宜，同時也取決於構思之是否靈巧、修辭之是否精準。修辭的範圍頗廣，古人說：「章有章法，句有句法，字有字法」，分開來看，修辭是寫作技巧，合而言之，它卻是表現藝術。它不但指鍊字造句，審音辨調，而且也講文章的氣脈，牽涉到雕飾與自然、模擬與創造的問題。

漢字基本上是象形字，圖形指事而言。它們一字一音，一字多義，可以形聲、會意，也可以轉注、假借。因此，以漢字寫成的中文，在表達情意時，其字詞就有其獨特的具象性、節奏感及其模糊的想像空間。象形字的具象性，可以喚起視覺上種種形象的聯想；平仄四聲、一字一音的節奏感，加以變化運用之後，可以使字句在形式上，兼具整齊、錯落之美。梁實秋在〈論散文〉中就這樣說：「字的聲音，句的長短，實在都是藝術上所不可忽略的問題。譬如仄聲的字容易表示悲苦的情緒，響亮的聲音容易顯出歡樂的神情；長的句子表示溫和弛緩，短的句子代表強硬急迫的態度。」這是對散文來說的，如就詩歌而言，舊詩詞之所以講求平仄、對仗、押韻等等形式上的格律，可以說正與漢字的這些特性有關。至於一字多義所產生的想像空間，可以使作者在寫作時，萬一有不想明言實說的情意，可以藉之暗藏一些語碼，也可以使讀者在詮釋時，激發更多的聯想，增加更多的興味。中國文學中喜歡講比興寄託，和這些特性多少有關。

剛才引用《論語》上孔子所說的話：「辭，達而已矣」，有人誤會了孔子的意思，以為「辭達」是「我手寫我口」，只是把口頭上的語言用筆照樣寫下來而已。這當然不對。平時口頭上的語言，其實常常詞不達意，或語不成句，而是需要靠動作或表情去補充說明；如果照原樣寫下來，恐怕就不成片段了。必須經過剪裁、提煉，才能轉變為書面語言。因此《禮記》上才說：「情欲信，辭欲巧」，意思是：情意要真實，所謂「立其誠」，而文辭卻要精巧。這裡的「巧」，是指精準，是恰如其份，恰到好處，不是指「過度」的錘鍊雕琢。「過度」當然就不好了。所謂「辭欲巧」，也正指在寫作時，必須認真確實地錘字鍊句，注意修辭。即使是一字一句，也要在其形音義各方面多多推敲。

王國維在《人間詞話》中，曾舉例說：「紅杏枝頭春意鬧，著一鬧字，而境界全出。」詞句中「鬧」這個字，不但說明了枝頭紅杏的盛開情況，令人有了視覺意象，而且也化無聲為有聲，使人彷彿聽見了春天的鶯歌燕語，有了聽覺上的感受。這個字下得好，真不可改易。有了它，全句都靈活了，這才叫做錘鍊字句。宋代洪邁在《容齋隨筆》中，也有一段記載說：王安石〈泊船瓜州〉詩的名句「春風又綠江南岸」，起先是作「春風又到江南岸」，後來圈去「到」字，改為「過」，旋又再改為「入」字和「滿」字，如是改易十餘次，最後才定稿為「綠」字。詩句中「綠」這個字，原來是形容詞，這裡卻借作動詞用，它兼有「到」、「過」、「入」、「滿」等字的意義，而且有了它，更使「春風」除了平時風給予人的聽覺和觸覺之外，更多了視覺的意象，令人聯想到春天的到來，江南岸邊春草盎然的綠意。像這樣子的遣詞造句，才叫做錘鍊字句。

所謂「一字之工」，是要從全句才看得出來的；所謂「一字之奇」，也要從全章或全篇，才看得出它的妙處。陳望道在《修辭學發凡》中，曾經討論過一個意旨同而文字異的例子。說同樣描寫一隻黃犬被奔馬踩死在大路上的事件，宋代不同的作家就有下列六種不同的寫法。分別是：

一、有奔馬斃犬於道。

二、有犬臥過衢，逸馬蹄而死之。

三、逸馬殺犬於道。

四、有奔馬踐死一犬。

五、馬逸，有黃犬遇蹄而斃。

六、有犬死奔馬之下。

這六種不同的寫法，哪一種表達方式比較好呢？宋代的文人於此已有爭論，要用現代的白話來描述，恐怕歧異會更多。有人會從文字的難易去論好壞，有人會從文句的繁簡去論工拙。實際上，句法是要從上下文氣來決定的，而字句的難易繁簡，也不是決定文章好壞的標準。寫文章，講修辭，應該還是要從全篇大體著眼，要配合主題、材料和構思等等，該繁則繁，該簡則簡，不可事先存有成見，認為文章簡易就一定好，或認為文章一定要多使用一些修辭格式或套語。

近年來，由於教育單位的課程設計和考試命題，使得修辭學受到中學生普遍的重視。這原是可喜的現象，但如果重視太過，而忽略了文章的立意命題，就容易有偏頗之失。如果能了解什麼叫「夸飾」、「借代」，什麼叫「頂真」、「層遞」等等，而同時用心於如何選材、構思等等更為基本的問題，那麼，想要真正提昇鑑賞和寫作的能力，才有可能。否則，恐怕就有如緣木而求魚了。

二、雕飾與自然

李白有詩說：「清水出芙蓉，天然去雕飾。」我們講修辭技巧，正應以此為標的。起先要冶煉，要琢磨，要雕章麗句，要研聲抖律，後來則應回歸自然平淡，務求渾化無痕，看不到穿鑿雕刻的痕跡。

修辭，講求的是如何修飾文辭。修飾文辭，除了如古人所言，要先「修辭立其誠」之外，最主要有兩點：一是情意傳達的方法，二是形式表現的技巧。小自標點符號的使用、詞語詞位的變換、格調聲律的講究，大至文體文類的配合、文章氣格的形成，都和它有密切的關係。

標點符號的使用，看似小事，其實和所要傳達的情意大有關係。古書雖然原來沒有新式標點，但文句中到處可見的之、乎、者、也等等虛字，作用卻與今日的標點符號相同，代表肯定、否定、驚嘆、疑問等等不同的語氣。民國初年以來，語文學者常常提到一個例子：「下雨天，留客天。天留，我不留。」如果把斷句和標點符號改成：「下雨天，留客天。天留我不？留！」原來完全相同的詞句，所表達出來的意思，即變成恰好相反。蔣祖怡《文則》書中也曾以〈左忠毅公軼事〉為例，提到史可法的下列五個句子：

則史公可法也；
乃史公可法乎？
乃史公可法耳！
豈史公可法哉？
此史公可法矣。

因一、二虛字的不同，使文氣和文意都產生了變化。同樣的，朱自清〈匆匆〉裡的：「聰明的，你告訴我」，如果把「你」改成屬上讀：「聰明的你，告訴我」，仔細品味，文氣也就有所不同了。

詞語詞位的變換，也一樣，都看似小事，卻不可掉以輕心。「錘字鍊句」、「冶字煉句」二句，意思相同，第一、三字皆動詞，二、四字皆名詞，很容易辨別。詞位變換以後，改成「錘鍊字句」、「冶煉字句」，一、二字動詞，三、四字名詞，意思還是和原來一樣。但「表達情意」如果改成「表情達意」，「傳達訊息」如果改成「傳訊達息」，恐怕就會有人認為「表情」是名詞，「傳訊」是動詞，而「達息」更不成句，產生誤解或不以為然。同樣的道理，「即使是」和「即便是」都是日常用語，意思也相同，但是，「即使是」用在書面上沒關係，用在口頭上就有人不習慣。你可以發現：在電視上或廣播中，很多講者用的都是「即便是」。這些例子，有時候沒有涉及對錯的問題，但對於講求修辭要精確的人來說，卻不可以其事小而忽視之。

古代的詩詞和駢文，在字數、句數、平仄、對仗和押韻等等形式技巧方面，更是用心講究、務求精工。現代人對於這些不了解，卻勇於反對。其實它們在情意的表達和形式的技巧上，都有很高的藝術成就。有時候它們是雕飾太過，反傷自然，並不是藝術技巧上有問題。現代人多多少少懂得一些相關的道理，多多少少應用到自己的創作中，應該有利而無害。大者不說，即使如修辭學中所謂類疊、複沓的技巧，如能善加運用，也必然可以增加文章往復不已的情味。上文舉過的王維〈渭城曲〉，宋人曾譜「陽關三疊」，如果我們再把它改成下列的樣子：

渭城朝雨浥輕塵，浥輕塵。
客舍青青柳色新，青青柳色新。
勸君更盡一杯酒，勸君更盡一杯酒，
西出陽關，西出陽關無故人，無故人。

內容情意雖然一樣，但由於句子長短的變化、音調節奏的不同，給人的感受也應該隨之而異，多了一些來往複沓的韻味。

以上所舉，都是修辭中雕飾的小例子。從小可以見大，王國維所以會說：北宋詞家宋祁的「紅杏枝頭春意鬧」，著一「鬧」字而境界全出；張先的「雲破月來花弄影」，著一「弄」字而境界全出，都是因為他們善於用字的緣故。用字遣詞，似易而實難。古人所以傳誦賈島「二句三年得」和「僧推月下門」的故事，也是為了要肯定他苦思沉吟、刻意求工的可貴。中外古今很多名家大家，都是由此入手的。據說十九世紀法國作家福樓拜（Gustave Flaubert, 1821-1880）就這樣說過：不論作家要描寫什麼，只有一個詞可供他使用。用一個動詞，使對象生動，一個形容詞，使對象鮮明。因此得用心去尋求這個準確的字。

不過，刻意求工、雕飾太過的話，反而有傷質樸自然。古人說：「玉不琢、不成器」，但琢之太過，必然有損本質。清代周濟等人論詞，常以美人妝扮為喻，說：溫庭筠詞是嚴妝，韋莊詞是淡妝，而李後主詞則是亂頭粗服，不掩國色。回到文學作品本身來，意思是：有的作品適合濃妝，講求字句之工與聲色之美；有的作品適合淡妝，薄施脂粉、略加藻飾即可；有的作品則以其本來面目示人即可，即使有疏放處，也是當行本色。這說明了文章本來就有不同的風格，不同的特色。有的適合陰柔，有的適合陽剛。質之於文體：有的適合於抒情，有的適合於記敘，有的適合於論說。抒情的文體比較需要藻麗，記敘的文體比較需要逼真，而論說的文體則比較需要明確。同樣的道理，質之於文類：詩歌不妨多抒情以求其美；散文不妨多寫實以求其真；小說、戲劇則不妨多鋪陳以觀照人生。只要寫得情真景切，說理周洽，就是各擅勝場的好文章，各具特色，而不必加以軒輊。

也因此，談情意的傳達，形式的表現，可以有種種不同的修辭格式。前者如感嘆、設問、摹擬、引用、夸飾、借代、譬喻等等，後者如類疊、對偶、回文、排比、層遞、頂真等等，各有各的特色，也各有各的用處。友人黃慶萱有《修辭學》一書，臚列了不少古今作家的例證，讀者有興趣，可以自行參閱，這裡不再贅述。但這種種不同的修辭格式，都有個共同點，它們都朝向「修辭立其誠」，易言之，修辭的應用，基本是配合題意和構思等等而來的。

李白詩所說的「天然去雕飾」和金代詩人元好問所說的「豪華落盡見真淳」，是同樣的意思，都是說：文章需要雕飾，但最後卻要豪華落盡，只見天然，只見真淳。它們即使經過雕飾，也是渾化無痕，一片生機。歐陽修和梅堯臣都醉心推賞的：「狀難寫之景，如在目前；含不盡之意，見於言外」，即所謂情真景切，自然感人。大概這就是修辭所欲追求的最終目標。

三、摹擬與創造

摹擬，是修辭學用語，有人把它分為摹狀與仿擬二種。前者指對各種官能感覺的描述，是對自然及人生各種現象的反映；後者指模仿已經存在的形式，例如前人作品中的辭采或格調，加以利用，以表達自己心中的情意。這裡把二者合而言之，大致等於大家平常所說的模仿，用來與創造相對舉。

文章寫作，固然是為了表達自己的情意，但自己所欲表達的情意，往往前人早已有之，而且，用來表達情意的詞彙、形式，也往往前人早已有之，因此，在練習寫作之前，不能不談摹擬。除非是真正不學而能的天才，或者是偶然的興會，可以用自然的語言說自然的感情，所謂「滿心而發，肆口而成」，否則，都需要從摹擬入手。先摹擬，而後才能談創造。就像上節所說的，寫作者所說的自然，往往是指「天然去雕飾」，指經過錘鍊後的自然。即使是自然界的自然，你想要寫你心中眼中它們的現象，也還是要經過語言文字的選擇和提煉。

古今中外的前輩名家，都說過「以古人之規矩，開自己之生面」、「循前人的足跡前進」之類的話語，教初學者一定要先模仿，多多吸收前人的長處，來改正自己的缺點。這就叫做「入乎其內，出乎其外」，簡言之，是去蕪存菁。你想寫一篇自傳式的文章，不妨先找來古今中外有關自傳的名篇佳作，好好揣摹，你就會發現你想描寫的，可能早已有人寫過，有不少地方可以供你觀摩學習，而屬於你自己所有、前人未曾說過的部分，才更值得你好好鋪寫。古人說：太陽底下，沒有什麼新鮮事。人同此心，心同此理。這些話都有一定程度的道理。所寫的思想情感或生活經驗，如果都是他人未曾經歷或見聞的，只要平平實實寫出來，不必在修辭上講求什麼表現技巧，都一樣會引人注意。如果不是，或者你還是個初學者，那麼，你還是要從如何選材、如何構思、如何運筆開始學起。你至少要先練習到你可以用你自己的語言文字，平平實實地表達你的思想情感，寫出你的生活經驗。而你想要具備這最基本的能力，實際上，還是不能不講修辭的技巧。

修辭不是什麼大道理，只是寫作的技巧，但只有懂得如何摹擬，才懂得熟能生巧以及推陳出新的道理。摹擬的目的，是為了創造，是為了表達自己的情意。模仿前人的寫法，不過是一個過程和手段而已。如果一味模仿，不知從練習擬作中去求新求變，那就只是因襲他人而非表達自己的情意了。既然不是表達自己的情意，那還能稱為創作嗎？

有人說：第一個用花譬喻美人的，是聰明人，以後模仿者都不算。事實上，古今中外以花比喻美人的作家多的是，只要懂得求新求變，懂得推陳出新，仍然無妨於他們成為大作家。

如何推陳出新，從摹擬中求新求變，有兩個方法，借用王國維論詞的境界的說法，一是能言人所不能言，一是能言人人心中所欲言而不能言者。前者是詩人的境界，能說出別人所不能說的，能寫出別人所不能寫的，那需要大才識；後者是常人的境界，能表達出別人都能感受得到、想表達卻表達不出來的，這需要和別人使用同樣的語言文字，有共同的文化背景，一樣的生活方式，然後才容易引起共鳴。上文說的用典故成語，這一章講的修辭技巧，都與此關係密切。取材敘事不周洽，構思修辭不靈活，要引起大家的共鳴，就難矣哉！

取材要經過選擇，運思要經過剪裁，修辭也要經過選擇和剪裁。有了要表達的情意，有了寫作的主題，考慮用什麼體裁，標什麼題目，配合題旨，選取材料，運用想像，來謀篇布局，這些都是擬稿的階段，到了真正下筆時，才正式形諸文字，是真正的作文了。因此有人認為文章寫得好不好，和修辭的是否得宜，關係最大。也因此，有人認為文章寫了初稿以後，一定要好好修改，才可以定稿。

文章起草稿不容易，修改也不容易。文章一氣呵成的不多，多半要在構思時，先擬題綱，或者先用標題的方式，把各章節的內容要點概括出來；或者用圖表的方式，把各部分的脈絡關係標示出來。照著擬定的題綱寫，才不會前後失序，而且寫起來，容易文從字順。修改時也一樣，不要只注意修辭的技巧，而必須兼顧如何突顯主題，增刪材料和調整結構。有人修改稿子，只注意修辭的部分，甚至一味求簡練，那絕對有問題。例如魯迅〈秋夜〉的開頭第一段：

在我的後園，可以看見牆外有兩株樹。一株是棗樹，還有一株也是棗樹。

如果要求簡練，那麼改為：「在我的後園，可以看見牆外有兩株棗樹」，無疑是簡練多了，但文氣卻不同了。魯迅想在文中藉不同景物來代表不同類型的社會人物，其用意也就打了折扣。所以修改文章的方法，不可一成不變，應該隨時注意牽一髮可能動全身。有時候，改動了一字一句，不只是改動了那一字一句，而是改變了全篇。上文引用過王安石「春風又綠江南岸」的例子，說「綠」字改得好，因為這一字改得好，使得全篇都生動靈活起來。有人說王安石可能是參考了李白「東風已綠瀛洲草」或白居易「春來江水綠如藍」等詩詞名句而得的靈感。這一點無法確定，但可確定的是：多讀多寫，多看多想，多商量多討論，多比較多修改，不但可以提高鑑賞程度，而且可以增進寫作能力。

清代袁枚《隨園詩話》說得好：「詩不可不改，不可多改。不改則心浮，多改則機窒。要像初搨《黃庭》，剛到恰好處。」恰到好處，不只改詩如此，作詩如此，改文作文也都應該如此。

參　鑑賞篇

寫作，要自閱讀始。閱讀，不可囫圇吞棗，而要細心、用心。細心品味，用心學習。古人說得好：「奇文共欣賞，疑義相與析。」

以下選取詩歌、散文、小說、戲劇等一些不同類型的文學作品，包括文白韻散、中外古今，配合上篇所說的寫作原理，來說明鑑賞的方法，做為創作的參考。

第8講

詩歌

一、從劉延陵的〈水手〉談起

詩歌這一類文學作品，以抒情為主，主要是抒發作者或作品中人物的情意。儘管形式上有新舊韻散的不同，用語上有文白古今的不同，但藉它來抒寫內心的情感和思想，則古今中外並無差異。

在討論之前，請先看民國初年劉延陵的一首新體詩〈水手〉：

一

月在天上，
船在海上。
他兩隻手捧住面孔，
躲在擺舵的黑暗地方。

二

他怕見月兒眨眼，
海兒掀浪，
引他看水天接處的故鄉。
但他卻想到了
石榴花開得鮮明的井旁，
那人兒正架竹子，
曬她的青布衣裳。

劉延陵，籍貫江蘇泰興，是民國初年著名的詩人。他早年接受英文教育，在民國十一年曾與朱自清、葉聖陶等人創辦《詩》月刊，那是中國近代第一本新詩刊物。他在對日八年抗戰期間，曾經避居海外星、馬等地，擔任新加坡《聯合晚報》的總編輯。他的詩，受到傳統舊詩詞的影響，特別重視情韻，形式上則不受格律的束縛，採用散行的寫法。

葉聖陶在《文章例話》一書中，曾對此詩做過簡明而深入的分析。要點如下：

一、作者能把握情與境的複雜關係，把兩手捧住面孔，躲在船舵暗處的水手，眼前所見的景物：天上的月光、船邊的海浪，和他思念中遠方故鄉的那個人兒：在開著石榴花的井旁汲水，在竹架上晾曬青布衣裳的記憶，聯想在一起，把二者結合起來，寫出對故鄉伊人的懷念。所寫的情境，所選取的材料，都掌握住聯想那當兒最鮮明的意象。用現代的話說，是把握住「美感的那一剎那」。

二、作者沒有當過水手，詩中情境當然是從想像得來的。雖從想像中得來，卻入情入理，與真實的經驗無別。

三、作者善用藝術手段，即善用寫作技巧。「胸中有了成竹，然後下筆。下筆又有種種的斟酌，該直該曲，該淡該濃，一點都不潦草。」並且強調「詩是最精粹的語言」，作者在用字遣詞方面，一點都不馬虎，完全經過精心的選擇。

四、作者此詩是有押韻的，所以讀起來覺得和諧有節奏。如果不用韻，還是要在句中各處講究聲調。

葉聖陶的分析，深入淺出，真能道出劉延陵此詩的種種好處。對於選材、構思、修辭等項，尤其說得確切。對於詩歌的鑑賞與寫作，提供我們許多寶貴的意見。

不過，仔細推敲尋思，我們覺得還有一些地方可以補充。例如在審題和立意方面。

這首詩標題「水手」，和內文互相配合，可謂相輔相成。內文兩段十一行，再無「水手」的字眼，但句句都與水手的思鄉懷人有關。如果把題目改為別的字眼，恐怕全篇題意給人的感受，就會有所不同。上篇我們在講「審題」和「立意」時，曾經引用朱慶餘的〈近試上張水部〉一詩，說明標題的重要，以及它與全篇題旨的關係，現在再舉一例，作進一步的說明。

宋代大文學家蘇東坡，有一首題為〈惠崇春江晚景〉的詩。題中「晚」字一作「曉」。全詩如下：

竹外桃花三兩枝，春江水暖鴨先知。
蔞蒿滿地蘆芽短，正是河豚欲上時。

從宋代以後，很多讀者不注意這首詩的題目，卻常針對「春江水暖鴨先知」一句提出疑問，說：「春江水暖，偏鴨先知？」意思是說：為什麼春江水暖，不是鵝或其他水禽先知？這樣的質疑，似乎很有道理，具有科學精神，但其實只要我們審視題目，一切問題就可迎刃而解了。

東坡的這首詩，顯然原來是一首題畫詩。惠崇，是北宋初年一位能詩善畫的和尚。他畫了一幅春江景物的畫。畫面上據詩意來看：橫斜的竹枝後面，有三兩枝將開初開的桃花；因為桃花初開或含苞待放，所以知道底下畫的水面，是春江水暖的時節。春天二、三月時，水暖花開，鴨、鵝等等水禽才開始下水嬉游。一定是畫面上畫的是鴨，所以東坡的詩句才會說是「鴨先知」。而且「鴨先知」三字，亦可予人聯想到鴨子試水嬉春的情狀，充滿著趣味。水岸邊畫滿叢生的蔞蒿蘆芽，這些植物和桃花一樣，點明季節是春天二、三月間。這個季節，也正是河豚出產的時候。歐陽修有詩：「春洲生荻芽，春岸飛楊花。河豚當是時，貴不數魚蝦。……」可以為證。畫面上應該沒有出現河豚，所以末句才說是「欲上時」。如果已經出現，就不會用「欲」字了。這也正是詩人運用想像的妙處。至於「晚景」一作「曉景」的問題，因為江邊暮色和清曉時都同樣煙霧迷濛，所以情致相同，也因此有了不同的版本。

明白題目與內文的關係，也就可以明白東坡「春江水暖鴨先知」的真正意義。鴨先知或鵝先知，實在沒有爭論的必要。這樣說來，這首題畫詩，既是抒情、寫景、狀物，同時也可以屬於應用體裁的範圍。

為什麼會這樣呢？為什麼抒情的詩會雜有其他文體的性質和作用呢？

二、詩歌的藝術與題外的意境

詩歌雖以抒寫作者的性靈為主，卻也常可以用來記人敘事、寫景狀物，描寫現實，觀照人生。不但可以自抒性靈，而且可代人立言。劉延陵不是水手，卻能生動地寫出漂泊海上船上男兒的思鄉懷人之情；蘇東坡只是題他人之畫，卻能鮮明地寫出春江水暖的風光景色。他們雖然寫的不是自己親身經歷的事物，卻能寫得如此神色活現，意象生動，主要是因為他們善於取材，運用想像，巧於構思，營造意境，因此令讀者覺得情真景切，自然感人，而引起心靈的共鳴。

文學作品中的所謂真實與自然，與一般實用文章所說的意義不盡相同。一般實用文章，講求真人實事，真情實感，不要誇張，文學作品則不限於此，認為不妨為人代言，設身處地為別人抒胸中之情，寫眼前之物。雖是虛構，只要寫得情真景切，一樣有其價值。也因此，文學作品特別重視創意，特別重視寫作技巧和表現藝術。對於初學者和青年朋友而言，在運用想像和加強修辭等方面，正有可以借鑑之處。所以我們在練習寫作時，不妨多多閱讀文學作品。

在各類文學作品中，最講究運用想像以抒發情感的，當然是詩歌。尤其是古典詩詞，更是如此。其中描寫行役羈旅的詩篇，是常見的主題之一。像《詩經・魏風・陟岵》就是常被提到的例子。茲先錄其第一章如下：

陟彼岵兮，
瞻望父兮。
父曰：
「嗟予子，
行役夙夜無已！
上慎旃哉！

猶來無止。」

前兩句寫離鄉背井的征夫，在征途中登上山坡，登高望遠，遙望故鄉，想念父親。後面四句卻不再續寫自己如何想念父親，反而寫征夫想像著：父親如何想念自己，祝福自己旅途平安，能夠自己保重，早日回家團聚。詩共三章，第二、三兩章，寫登高望遠時，將「岵」換為「屺」和「岡」字，瞻望思親時，將「父」換為「母」和「兄」字，都一樣通過想像，使用鋪敘手法和複沓形式，虛擬一些情境，使讀者如聞其聲，如見其人，如臨其境。在想像的當兒，虛擬的情境裡，人、事、景、物，和所寫的懷鄉思親之情是交融在一起的，時間和空間也是交疊在一起的。

像這類運用想像、虛擬情境的作品，在歷代的詩、詞、曲中比比皆是。宋詞如柳永的〈八聲甘州〉，寫浪跡天涯的遊子，在「對瀟瀟暮雨灑江天」的秋天黃昏，登高望遠，想念故鄉的情人：

想佳人妝樓顒望，誤幾回天際識歸舟。
爭知我倚闌干處，正恁凝眸。

和〈陟岵〉詩一樣，不說自己想念對方，卻反而說對方如何想念自己。都一樣以虛擬情境來寫相思之情。所謂虛擬情境，其實來自現實，是記憶中事物印象的再現，也是生活中情理經驗的累積，並非憑空虛造。父母兄長對子弟的關照，佳人對情郎歸來的盼望，都是日常生活中可以體會得到的。一般人比較熟悉的唐詩，寫這類題材，將戰爭和愛情合在一起，將邊塞詩和閨怨詩合在一起，更能予人悲涼而哀怨的回味。如李益的〈夜上受降城聞笛〉：

回樂峰前沙似雪，受降城外月如霜。
不知何處吹蘆管，一夜征人盡望鄉。

以及陳陶的〈隴西行〉：

誓掃匈奴不顧身，五千貂錦喪胡塵。
可憐無定河邊骨，猶是深閨夢裡人。

這兩首詩都是前兩句先寫實，後二句才虛擬。在虛擬之先，有入情入理的事實，而在寫實中，又有虛擬虛構的情境。這些詩，從表面上看，是寫征夫遠戍邊土的苦痛，和思婦獨守空閨的哀怨，但在這同情的背後，卻往往潛藏著作者反戰厭戰的思想，只是沒有明言而已。也就因為沒有明言，所以讀者可以見仁見智，賦予作品不同的解讀。古人稱之為「煙水迷離」的情致。

對詩歌的解讀，仁者見其仁，智者見其智，最常以比興寄託來解說的，應是古典詩歌中的詞。同樣寫情，詞比詩要含蓄委婉得多。字面的解釋只是第一層意義，題外的寓意才是作者所要表現的主題。因此，寫芳草美人，重點不在芳草美人，而在於背後所要影射的忠臣君主，其他不能明言或不肯明言的東西。

或即因此，以抒情為主的詩歌作品，除了以記敘的體裁做為基礎之外，有時候，它們還常被認為另有議論的性質和作用。古代很多的〈無題〉詩和若干詞作，就屬於這一類。例如晚唐詞家溫庭筠的〈菩薩蠻‧小山重疊金明滅〉一詞，明明字面上寫美人晨起弄妝之態，偏偏有人說它有《離騷》「初服」之意，暗示是才士不遇。蘇東坡的〈水調歌頭‧明月幾時有〉一詞，明明寫中秋夜「歡飲達旦」、「兼懷子由」，藉月圓之未圓來表示對弟弟蘇子由的懷念，卻偏偏有人說由此可見「蘇軾終是愛君」。這些都可以說是從詞外求詞，題外解題，免不了有牽強附會之虞。但奇怪的是，歷來卻仍然有不少批評家如此主張。

為什麼呢？

這是因為詩歌固然以抒情為主，其題旨通常緣情而發，感事而作，作者如不明言，則不同的讀者可以有不同興會的緣故。有什麼觸發，有什麼體會，常常因人而異。對於客觀存在的事物，作者記敘描述時可以客觀描寫，芳草美人就是芳草美人，但讀者在閱讀鑑賞時，卻不妨有各自的體會。在這種情況下，芳草美人就可能有其言外之意了。人心不同，各如其面，鑑賞當然很容易有主觀的成分。

對創作者來說，想寫什麼題目，立什麼題旨，應該先考慮所要表達的情意，適合用什麼題材來寫作，用什麼方式來寫作。如果決定了採用詩歌的形式，那麼當以抒情為主。但所謂以抒情為主，並不排斥記敘或論說等等不同文體的同時應用，也不可能把詩歌囿限在抒發性靈或虛構情境的範圍。上文引用過梅堯臣的〈陶者〉，就是一首敘事說理詩。另外，像袁枚的〈馬嵬四首之二〉，批評唐玄宗、楊貴妃的愛情故事，哪裡比得上杜甫〈石壕吏〉中所寫的人間悲劇：

莫唱當年長恨歌，人間亦自有銀河。
石壕村裡夫妻別，淚比長生殿上多。

這也同樣是一首詠史敘事兼發議論的抒情詩，卻很明顯有說理的成分。本來抒情、敘事、論說就可以融為一體的。這些作品同樣兼採不同的體裁，只是都有較為濃厚的抒情意味而已。同時，這些作品的優劣高下，不是取決於他的敘述採取什麼觀點，不是取決於他的議論站在什麼立場，而在於他表現藝術的是否高明，以及題外意境情味的有無。所謂抒情詩的好壞，當作如是觀。

以上所舉，都是古典詩詞的例子。古典詩詞講究字句的平仄、對仗和押韻等等，和民國以後的新詩，主張形式自由，打破格律的限制，大不相同。那麼試問你，以上所說的表現藝術和題外意境，是否還適用於新體詩呢？

三、詩應該論好壞不必分新舊

我們不妨又回頭來看劉延陵的〈水手〉，作更進一步的分析和討論，並藉此對詩歌的寫作，提供一些參考的意見。

劉延陵的這首詩，收在民國十一年（一九二二）出版的《雪朝》詩集中。那是他與朱自清等人創辦《詩》月刊時作品的合集。如上所述，此詩題目與內文相輔相成，寫水手思念遠方故鄉的伊人。這樣的主題，可以用詩歌來寫，也可以用散文等等不同的文類來寫。可以用散文的敘述句來寫，可以用論述句來寫，當然也可以用詠嘆式的抒情詩句來寫。既然決定採用詩歌的形式，那麼以抒情為基調的表現方式，也可以說已同時確定了。此即所謂立意。

立意之後，就要選材。配合主題選取的材料，有的來自生活的體驗，有的來自學識的提煉。學識有的來自平時的儲備和積累，有的則來自臨時的蒐集和檢索。例如寫有關水手的詩，必須對水手的實際生活環境有一定程度的了解，而且還要多多蒐集有關資料，然後才加以選擇。材料蒐集得越周全，構思時當然越有憑藉。古代詩歌沒有「水手」這個名目，但詩中所要表達的遠方遊子思鄉懷人之情，在舊詩詞羈旅行役的一類題材中，卻俯拾即是。上節所引《詩經》乃至唐詩宋詞，皆為其例。這些例子，哪些材料可以取用，哪些材料應該捨棄，端看其是否能夠反映客觀事物的真相，和切合現實生活的環境。月亮、波光，和相思離別常被聯想在一起，古今中外皆然，當然可以採用。如果沒有可以直接採用的材料，也不妨從中尋求它們如何謀篇布局、運思用筆。像上節所說的虛擬情境，即是構思之一法。柳永〈八聲甘州〉「想佳人妝樓顒望」數句，更與〈水手〉擬想故鄉伊人正在井旁浣衣曬衣一節，有異曲同工之妙。像這種地方，是鑑賞者和創作者都應該注意的。至於如何加以巧妙運用，那關係到作者各人不同的才情，不是三言兩語可以說盡。

就選材而言，〈水手〉此詩作者最特別的地方，是第一段把注意力全放在水手躲在舵旁的地點和動作上。「他兩隻手捧住面孔，躲在擺舵的黑暗地方。」擺舵地點原是靜態的景物，但一旦寫了水手的動作：雙手遮面和躲在暗處，卻使月下海上船前的遊子愁情，如月光如海浪傾瀉而出。同樣的道理，第二段把注意力全集中在故鄉伊人身上。開頭三句是詩意轉折處，說水手怕思鄉卻更思鄉，原因就在伊人身上。後面三句寫伊人在井旁汲水、浣衣、曬衣的形象，石榴花和青布衣裳，本是景物靜態的描寫，但「花開得鮮明」的「開」字，「那人兒正架竹子」的「正」字，卻使靜態的景物一下子都變得鮮明活動起來了。這固然與作者的工於鍊字造句有關，但和作者之善於選取材料，懂得割愛，集中焦距，也必然有關。

劉延陵不是水手，是詩人學者。從他所寫的詩文和所編注的《明清散文選》來看，他的舊學根柢是頗為深厚的。他為什麼會寫〈水手〉這種題材的詩呢？

清末民初，政治社會動蕩不安，內憂外患紛至沓來，海運大開的結果，歐西人文隨船堅砲利以俱入。人文思潮和文學風尚都產生了極大的變化。就文學體類而言，文言文逐漸被語體文取代了，傳統的古典詩歌，逐漸被新起的白話詩取代了，不但格律被打破，押韻被取消，甚至「詩歌」一詞，有些人只肯稱為「詩」而已，不再把「詩」與「歌」連在一起了。從相關資料看，劉延陵雖然舊學根柢很好，但他同時也深受新文化思潮的影響，所以他才會與朱自清等人創辦新詩刊物，也才會在所編的《明清散文選‧序言》中這樣說：

如果無形地襲故蹈常的人減少，而自由獨立地思想的人增加，則人類的文化演進，是可以更直捷一點的。

可見劉延陵並不守舊。因此在民初各方倡立海軍、主張現代化的當時，他寫〈水手〉這樣新潮的題目，用新體詩來寫思鄉懷人之情，是可以理解的。只是不知道此詩的背後，是否有什麼題外之旨，言外之意。例如他是否有意無意地在詩中寄託時代離亂和人海漂泊的情懷，實在無法確定。此詩所寫的水手，究竟是海軍或船員也無法確定。

把劉延陵的這首詩，放在新詩的發展史上來看，可以看出它不新不舊、亦新亦舊的特色。它基本上全首押韻，念起來疏落有致，有一定的節奏和韻味，而且第一、二段的開頭：「月在天上，船在海上」、「月兒眨眼，海兒掀浪」，句子也力求整齊對稱，這些都保留了傳統舊詩詞的遺習，而跟後來標榜「現代」的新詩不一樣。在民國初年，與劉延陵大約同時，還有一些詩人曾經嘗試這方面的創作，例如吳興華的〈無題〉、〈絕句〉等等新詩，就刻意追求形式的整齊。

後來標榜要有現代感的新詩，有的故意標新立異。自然寫成的對偶，改掉；自然寫成的韻腳，改掉，其實反而不自然了。這種弊病，與刻意求對偶與押韻之失，正好相同。詩，是最精粹的語言，所謂「最精粹」，不只是指自然而然的自然，更指經過雕琢而不見斧鑿痕迹的自然。

在劉延陵此詩之前，我查不到有新詩人以「水手」為題，但在他之後，以戰爭和水手為寫作對象的，卻不乏其人。其中以鄭愁予最值得注意。他幼年曾隨從軍的父親轉戰遷徙於大江南北，到了臺灣以後，早期所寫的新詩，常以水手和船長為題。其中頗多佳作，富於創意，值得青年朋友學習。可惜注意的人不多。現在很多人知道的，是他的一首題為〈錯誤〉的詩。寫騎馬行過江南的天涯遊子，被獨守空閨的少婦誤以為遠征的丈夫歸來了：

我達達的馬蹄是美麗的錯誤
我不是歸人，是個過客……

這首詩情思委婉，意象鮮明，洵為佳作。詩中虛擬情境的技巧，顯然受到傳統舊詩詞的影響。從他自己一再提醒愛寫新詩的青年朋友，要多看舊詩詞，也可以證明這一點。如果要講現代感，鄭愁予還有一首題為〈騎電單車的漢子〉的詩：

每個黃昏他必馳過，這一列街屋
戰爭年代的倚門婦人
愛看急急的行色
歪帽子的風塵

這是哪兒來的漢子呢？
不出征的男兒
電單車馳過戰爭年代的黃昏
倚門的婦人
咀嚼著！

和〈錯誤〉一詩同樣描寫戰爭年代獨守空閨婦人的殷切期待，但表現方法卻呈現了迥不相同的風格。一為騎馬行過江南青石街道的過客，一為騎電單車馳過街屋的歪帽子漢子。時代真的不同了，但無疑都是好詩。

聰明的你，對此請問有什麼看法？

第9講 散文

一、從朱自清的〈背影〉說起

考慮以近現代的名家名篇為例，究竟該選哪一家哪一篇，挑選再三，最後還是選了朱自清的〈背影〉。

朱自清膾炙人口的這篇文章，寫於民國十四年（一九二五），發表在同年第二百期的《文學周報》雜誌上。發表以後，引起各地讀者熱烈的回響，歷久而不衰。很多語文教科書和散文選集都收錄它，但可惜的是往往有所刪節，並非全貌。像葉聖陶的《文章例話》，選錄此文時，就刪去了頭尾，大約全篇的三分之一。這對於讀者的鑑賞，恐怕多少會有些影響。因此我們在這裡全篇照錄，以便於下文的分析和討論。

背影

朱自清

我與父親不相見已二年餘了，我最不能忘記的是他的背影。那年冬天，祖母死了，父親的差使也交卸了，正是禍不單行的日子，我從北京到徐州，打算跟著父親奔喪回家。到徐州見著父親，看見滿院狼藉的東西，又想起祖母，不禁簌簌地流下眼淚。父親說，「事已如此，不必難過，好在天無絕人之路！」

回家變賣典質，父親還了虧空；又借錢辦了喪事。這些日子，家中光景很是慘澹，一半為了喪事，一半為了父親賦閑。喪事完畢，父親要到南京謀事，我也要回北京唸書，我們便同行。

到南京時，有朋友約去逛逛，勾留了一日；第二日上午便須渡江到浦口，下午上車北去。父親因為事忙，本已說定不送我，叫旅館裡一個熟識的茶房陪我同去。他再三囑付茶房，甚是仔細。但他終於不放心，怕茶房不妥貼；頗躊躇了一會。其實我那年已二十歲，北京已來往過兩三次，是沒有什麼要緊的了。他躊躇了一會，終於決定還是自己送我去。我兩三回勸他不必去，他只說，「不要緊，他們去不好！」

我們過了江，進了車站。我買票，他忙著照看行李。行李太多了，得向腳夫行些小費，纔可過去。他便又忙著和他們講價錢。我那時真是聰明過分，總覺他說話不太漂亮，非自己插嘴不可。但他終於講定了價錢；就送我上車。他給我揀定了靠車門的一張椅子；我將他給我做的紫毛大衣鋪好坐位。他囑我路上小心，夜裡要警醒些，不要受涼。又囑託茶房好好照應我。我心裡暗笑他的迂；他們只認得錢，託他們直是白託！而且我這樣大年紀的人，難道還不能料理自己麼？唉，我現在想想，那時真是太聰明了！

我說道，「爸爸，你走吧。」他望車外看了看，說，「我買幾個橘子去。你就在此地，不要走動。」我看那邊月臺的柵欄外有幾個賣東西的等著顧客。走到那邊月臺，須穿過鐵道，須跳下去又爬上來。父親是一個胖子，走過去自然要費事些。我本來要去的，他不肯，只好讓他去。我看見他戴著黑布小帽，穿著黑布大馬褂，深青布棉袍，蹣跚地走到鐵道邊，慢慢探身下去，尚不大難。可是他穿過鐵道，要爬上那邊月臺，就不容易了。他用兩手攀著上面，兩腳再向上縮；他肥胖的身子向左微傾，顯出努力的樣子。這時我看見他的背影，我的淚很快地流下來了。我趕緊拭乾了淚，怕他看見，也怕別人看見。我再向外看時，他已抱了朱紅的橘子望回走了。過鐵道時，他先將橘子散放在地上，自己慢慢爬下，再抱起橘子走。到這邊時，我趕緊去攙他。他和我走到車上，將橘子一股腦兒放在我的皮大衣上。於是撲撲衣上的泥土，心裡很輕鬆似的，過一會說，「我走了；到那邊來信！」我望著他走出去。他走了幾步，回過頭看見我，說，「進去吧，裡邊沒人。」等他的背影混入來來往往的人裡，再找不著了，我便進來坐下，我的眼淚又來了。

近幾年來，父親和我都是東奔西走，家中光景是一日不如一日。他少年出外謀生，獨力支持，做了許多大事。那知老境卻如此頹唐！他觸目傷懷，自然情不能自已。情鬱於中，自然要發之於外，家庭瑣屑便往往觸他之怒。他待我漸漸不同往日。但最近兩年的不見，他終於忘卻我的不好，只是惦記著我，惦記著我的兒子。我北來後，他寫了一信給我，信中說道，「我身體平安，惟膀子疼痛利害，舉箸提筆，諸多不便，大約大去之期不遠矣。」我讀到此處，在晶瑩的淚光中，又看見那肥胖的，青布棉袍，黑布馬褂的背影。唉！我不知何時再能與他相見！

（民國十四年，一九二五）十月在北京

這是一篇以記人敘事為主，抒情味道非常濃厚的散文。作者追憶他和父親一次浦口車站送別的情景，以父親的背影做為寫作的重心，所要描寫的是父親的愛子之情。全文分為六段：

第一段一開頭就點醒題目，以追敘的口氣，說與父親分別兩年多來，最不能忘記的是他的背影。作者所說的背影，有其特定的意義，指的是下文第五段所要描述的，父親一次在浦口車站送別時的背影。為了描寫這個特定的背影，事情須從多年前他們父子為何會從南京渡江到浦口搭車說起。所以從第一段到第三段先交代他們父子平日一南一北，為什麼那一天會從南京渡江到浦口。

第一段交代民國六年（一九一七）那年冬天，因為祖母死了，父親朱鴻鈞在徐州擔任煙酒公賣局長的工作也丟了，所謂「禍不單行」，所以作者從北京先到徐州與父親會合，再一起回故鄉揚州處理祖母的喪事。

第二段寫祖母的喪事處理完畢之後，父親想到南京另找工作，而作者也要回北京唸書，所以同行前往南京。

第三段寫到了南京以後，只逗留了一天，第二天上午作者便須渡江到浦口搭車北上。父親事忙，原說不能送行，頗躊躇了一會，最後還是決定親自送行。

以上三段，只是〈背影〉的前奏，不宜詳記細節，所以敘事頗為簡略。這就叫做剪裁。例如處理祖母喪事的過程，一定非常繁雜，作者卻三言兩語帶過。雖然也記了一些小事，卻不是閒筆。例如記他父親在徐州時說：「事已至此，不必難過，……」，在南京時從躊躇到決定親自送行，所寫的一些文字，都可以看出作者有意利用側筆寫他父親，即使在禍不單行的日子裡，對兒子仍然充滿著無微不至的關愛。

第四段已經涉入正題，寫父子到了浦口火車站以後的情形。買車票，看行李，給小費，講價錢，到上車挑揀座位、拜託茶房等等，作者寫了許多細節。將父親的言談動作寫得細膩，也就同時寫出了父親的細心和愛心。「唉，我現在想想，那時真是太聰明了！」這是作者後來追憶時一段插敘的文字。插敘的目的，不僅在懊悔自己當時的無知，同時也是在提醒讀者注意。

第五段是全篇重心所在。就時間講，不過是短短的幾十分鐘；就空間講，不過是車廂內和鐵道兩側的月臺，對全文所描寫的事情而言，都只是極微小的部分。可是因為它是題目重心，所以作者對有關細節極力鋪寫。父親當天穿過鐵道、爬上月臺買橘子的背影：「戴著黑布小帽，穿著黑布大馬褂，深青布棉袍」，肥胖的身子，蹣跚的姿態，從此烙印在作者的記憶裡。那天他父親的背影，化成了永恆，代表的是「父愛」兩個字。

最後的一段，第六段是一九二五年十月的補敘文字。補敘中有倒敘，追記父親「少年出外謀生」的往事，和「近幾年來，父親和我都是東奔西走」的近況，最後作者才承應以上五段所描寫的情節，說他父親近日來了一信，自傷老大，使他在讀信時，含淚的眼光中，「又看見那肥胖的，青布棉袍，黑布馬褂的背影」。

從我以上的分析中，大家可以看到作者朱自清的敘事技巧。他要寫他父親的愛心，捨去很多與本題無關的材料，只集中在他父親浦口車站當天買橘子的背影上，一切的布局構思，都是為此而設。而在記敘的過程中，有順敘、倒敘，有插敘、補敘，混合使用，卻又前後呼應。真是值得大家欣賞和學習的一篇好文章。

二、舉例說明不薄今人愛古人

現代人寫文章，當然用現代通行的語言。初學者及青年朋友練習寫文章，當然更要從語體文開始。不過，一般語體文所用的語言，雖是白話，卻不能粗鄙低俗，最好能夠明白而又簡潔，最好能夠言之有物，而又言之有序。就這方面來說，古今中外都有不少好文章，可以做為我們學習的榜樣。所以除了讀現當代的好文章，對於古代和外國的名家佳作，我們也要多多研讀，從鑑賞中學習寫作的技巧。

上節談朱自清的〈背影〉，說它混合了幾種不同的敘述方式，是一篇抒情味道頗為濃郁的散文。這在古代的散文小品中，也隨處可見。像蘇軾的〈記承天寺夜遊〉：

元豐六年十月十二夜，解衣欲睡，月色入戶，欣然起行。念無與樂者，遂步至承天寺，尋張懷民。懷民亦未寢，相與步於中庭。

庭中如積水空明，水中藻荇交橫，蓋竹柏影也。何夜無月，何處無竹柏，但少閒人如吾兩人耳。

北宋神宗元豐六年（一〇八三），東坡四十九歲，當時他被貶官黃州（今湖北黃岡縣附近）。這篇抒情小品，是寫他在一個失眠的秋夜，到承天寺同朋友張懷民一起月下漫步的情景。形式像隨筆，像日記，文中不見貶官的牢騷，不見生活的煩雜，只有與知心朋友相知相得的賞月情趣。承天寺庭中的月光，像空靈皎潔的積水一般；月光下竹柏枝葉的影子，就像水上交橫的藻荇一樣。這樣的情境，讀後令人俗念全消。全篇不過八十餘字，即營造出如此悠閒雋永的境界，當然值得現代人欣賞。

古代的散文，體類繁多，但絕大多數以記敘體為主，記人敘事之餘，偶而也寫景狀物，並透過這些來表達情意，闡明道理。經史子集，大類如是。《論語》、《孟子》、《老子》、《莊子》等等，多語錄、寓言，善譬喻、說理，都是千古傳誦的經典。《左傳》關於戰爭的描寫，《史記》對於人物的刻劃，早被古人奉為典範，即使是歷代一些名家的論辨書翰，也屢被稱引，認為金針可以度人。讀者只要仔細用心涵泳玩味，自可從中求得寫作之道。限於篇幅，本書只能節引其中一二短文，來做為例證。

記敘而兼抒情的散文，已見上述。下面再引古代以論說為主，或夾敘夾議的例子，來作進一步的說明。

論說文分說明與議論二種，說明文重在解釋事物名義，說明相關道理。像韓愈〈師說〉一文的開頭就說：

古之學者必有師。師者，所以傳道、受業、解惑也。

這是解釋「師」的名義，說明「師」和「學者」（此指學生）的關係。「師者，所以傳道、受業、解惑也」這一整句，更明確地界定「師」這種身分，是指用來傳述古今聖賢的道統、把受自師長的學業再傳授給子弟、解答學生疑難問題的人。一開頭就破題，開宗明義，以下的論述，都是據此引申的，這是說明文常見的一種作法。

另外，像韓愈的〈雜說‧四〉：

世有伯樂，然後有千里馬。千里馬常有，而伯樂不常有。故雖有名馬，只辱於奴隸人之手，駢死於槽櫪之間，不以千里稱也。……

這是夾敘夾議的例子。伯樂，是秦穆公時一位善於相馬的人，馬是不是能夠日行千里，他一看便能分辨。韓愈這篇短文，重點在慨嘆千里良馬常可遇見，但伯樂卻不可求。讀此文者應該都看得出來，韓愈此文是藉良馬來比喻才智之士。才智之士如果沒有遇見賞識提拔的知己，就會像良馬沒有遇見伯樂，被馬夫控制，「策之不以其道，食之不能盡其材，鳴之而不能通其意」，最後死在馬棚槽櫪之間。可是，韓愈文中是未曾明言的，沒有一句話說到此一題外之旨。我們上一章介紹中國古典詩歌，說舊詩詞有比興寄託的傳統，言在此而意在彼，言外有言，事實上，古文中也一直有這種傳統。

拿古文來比較現代散文，一般人都以為古文在遣辭造句方面比較簡練，而現代散文中的論說文字，則在闡述事理方面比較析理透徹。其實古文在議論時的簡勁有力，也頗值得我們學習。例如王安石的〈讀孟嘗君傳〉一文：

世皆稱孟嘗君能得士，士以故歸之，而卒賴其力以脫於虎豹之秦。嗟乎！孟嘗君特雞鳴狗盜之雄耳，豈足以言得士？不然，擅齊之強，得一士焉，宜可以南面而制秦，尚何取雞鳴狗盜之力哉！夫雞鳴狗盜之出其門，此士之所以不至也。

〈孟嘗君傳〉，是《史記》的「列傳」之一，此文即王安石讀了該傳之後所發表的議論。孟嘗君，名田文，是戰國時代四大公子之一。他在齊國當薛公時，招養了食客數千人，因此名聞諸侯。秦昭王聞其賢，請他到秦國任宰相。後來秦昭王聽人進諫，反而把孟嘗君關進牢獄。孟嘗君於是使計，先讓其門下會裝狗偷竊的食客，裝狗入宮偷了狐白裘，獻給秦昭王寵姬；而由於她的美言講情，孟嘗君才得以出獄。出獄後，他想逃回齊國，改變姓名，半夜逃到函谷關時，關門未開。守關者必在雞鳴天亮時，才會開關。因此，孟嘗君又叫門下一位善學雞鳴的食客，學雄雞叫。守關者聽到群雞和鳴，以為天亮了，於是打開了關門，而孟嘗君也就趁機逃出了。回到齊國後，齊湣王仍然重用他，任為宰相。

這個歷史故事，情節曲折，敘述生動，是《史記》中的名篇之一，而文中的孟嘗君，更被推為戰國四大公子之一，認為他有智謀，有才幹，能得士，能抗秦。可是王安石卻不以為然，他把《史記》的該篇傳記長文，只用第一段的「世皆稱孟嘗君能得士……」三句話，就概括了《史記》全篇的大意。而且針對這三句話，在第二段中逐一批駁。世人說孟嘗君「能得士」，王安石說他得的只是雞鳴狗盜之徒；世人說「士以故歸之」，王安石說歸附孟嘗君的，只是雞鳴狗盜之徒，不是真正的國士；世人說孟嘗君「卒賴其力以脫於虎豹之秦」，王安石批評說以齊國的實力，如果孟嘗君能招致真正的國士，必能進而「南面」以制秦，何至於要依靠雞鳴狗盜之力，才得以逃出虎豹之秦呢？

王安石的這篇「讀後感」，寫得簡勁有力，卻又入情入理。好好鑑賞這種古代好文章，對我們現在寫讀書報告或評論文字，一定有幫助。

三、多看一些外國名家的作品

他山之石，可以攻錯。多看一些外國名著，一定對張大眼界、拓寬胸襟，大有幫助。我的大一英文老師虞爾昌先生，以前在上課時常常這樣告誡我們。他是繼朱生豪之後，翻譯莎士比亞戲劇的名家。他曾翻譯一位美國作家的文章，題目叫〈通向文學之路〉，告訴我們文學是無路可循，卻又似乎有路可循。無路可循，是因為它與各人的才性與閱歷有關；有路可循，是因為「在學習拼法、造句、用詞、協韻、布局這類必需的過程中，是含有著某些簡單的因素的」。而且他還告訴我們，不管從事任何行業，都有成為作家的可能。接觸面越廣，知識積累越多，對寫作越有幫助。他曾翻譯幾十年前美國耶魯大學法學院羅特爾（Fred Rodell）教授的一篇文章，題目就叫做〈我〉：

我·

羅特爾

給我教訓而且使我永遠不能忘懷的，不是我自己的爸媽，不是在學校裡教過我書的先生，也不是在禮拜堂講壇上宣揚上帝之道的牧師，而是我家鄉的一位時常吃酒醉的人物。

他是一個瘦小的人，眼睛裡裝滿著憂鬱，這是他早年的悲劇似的生活所打下的烙印，喝酒，好像能幫助他忘掉埋藏在心中的苦痛似的。為了他那不幸的遭遇，他的沉湎酒中是被鄉裡的人們所同情著、憐惜著的。但是我們兒童，則並不懂得應該同情他，憐惜他；相反地，我們確實把他看成是我們的一件玩物。我們愚弄他；用各種方法來觸怒他；當他的面叫著：「喂，吃酒醉！老糊塗！」我們願意看見他發怒；我們希望他拔出拳頭來打我們，我們就逃，他就在後面追——這是多麼有趣呀！但他總是並不和我們計較，總是不來理睬我們，這實在是使我們感到失望之至的。

一天，我遇見了他。我只有獨自一人。往常，獨自一人，我是不敢去碰他的。我們平時之敢於向他挑戰，是全恃我們人數的眾多，聲勢的浩大。可是那一天，我的膽量忽然特別大了起來，居然想單槍匹馬地向他來一下了。「喂，吃酒醉！喂，老糊塗，給黃湯灌昏了的！」我對他大聲呼喊著，同時準備好向後轉的姿勢，時機一到，拔腳就逃。

但是我看他的臉色是慈祥的；雖然憂鬱，卻一點也沒有討厭我的樣子。我開始迷惑起來了，不但不想逃走，反而想去接近他。他走近來招呼我道：「喂，瘦骨頭。」小時候，我是生得瘦骨嶙峋的，人家就送給了我一個含有侮辱性的綽號，叫做「瘦骨頭」。一聽到自己被用這個不文雅的綽號來叫著時，就覺得血液加快，一顆小心別別地跳著，自己厭惡自己，一點點自尊之心也沒有了。唉，我為什麼生得這樣瘦呢！我沒有面目見人了，我只好到沒有人的地方去躲藏了！

當我正想轉身走開的時候，他卻叫住了我：「喂，不要跑開，我的孩子。我看人家叫你瘦骨頭，是刺痛了你的，是不是？」他說：「你也以為用『吃酒醉』、『老糊塗』這些稱呼來激怒我，使我發狂的吧？但是，我的好孩子，這是大可不必的；一個人不必自己看輕自己，你如果不認為自己生得瘦小為可恥，那你就要快樂得多了。」

也許是因為這幾句話是料想不到從這樣一位不受人重視的人物的口中說出的，也許是因為這位人物用慈祥寬大來報答別人所加予他的侮辱輕蠛，已經深深地感動了我，我雖然還不過是一個十齡的兒童，但所受到的印象是不易磨滅的。不久，人家叫我「瘦骨頭」，我也就不大介意了；那種「自慚形穢」的觀念沒有了。我能夠泰然自若地在各處走來走去了。

自此以後，這位不幸人物的教訓，一直保存在我的心中。

幾年後，我在一個法律學校裡畢了業，為著是找點工作做，得去會見本州的州長，突然我的心被一種無名的憂慮而擾亂了，去會見州長時的態度應該怎樣？見了他應該說些什麼話？愈想愈急，愈急愈無辦法——漆黑一團。是那位不幸人物的話幫助了我：「我的好孩子……一個人不必自己看輕自己……」於是我想：「我」就是「我」，「我」不是可恥的。當我走進了州長的辦公室時，覺得很自在，和會晤著一位老朋友並沒有什麼兩樣。

後來我去當教師。臨到要去上第一課的時候，心中又不安起來了。怎樣開始？有一個學生向我提出問題而回答不出的時候怎麼辦？他們會譏笑我嗎？這時，我又記起了那位不幸人物的教訓。教室裡的工作就好像時辰鐘一般有秩序地進行著了。

當我準備著要去作生平第一次的大規模政治演說之時，也是同樣的情形。聽眾將有好幾千，出名的政界人物也都將在場，我是要怯場的。我應當怎樣講呢？講到中途頓住了怎麼辦呢？幫助我，指示了我一條出路的，仍然是那位藉酒來減輕自己的痛苦的慈祥而不幸的人物。

「我」就是「我」；「我」不是可恥的；不必自己看輕自己。這教訓，不單是對於我，便是對於不論什麼人，都是有益的吧。不妨可以試一下的；損害，至少是不會有的。

這是一篇自傳式的說明文，說明自己在成長的過程中，受到一位「酒鬼」溫馨的教訓，使他領悟了為人處世之道：「我」就是「我」，自己不必看輕自己。文中所說的故事、對話，都是為這個領悟的處世之道，來預設伏筆的。

讀了這篇溫馨感人的文章，我們回頭想想，我們都曾經不止一次寫過這類自傳性質的文字，卻往往不知從何下筆才好，也可能是不好意思提出一些嘲笑別人或被別人嘲笑的往事，更沒想到可以把好幾件不同時空的事情聯繫在一起，為自己不必看輕自己這個主題，集中注意力來寫作。換句話說，像這樣言之有物有序的文章，不管它是古是今，是本土或外國人寫的，都是值得我們蒐集、儲備、欣賞、學習的好材料。

第10講

小說

一、屠格涅夫和魯迅的小說

小說是現代文學中重要的文類。就其篇幅長短及字數多寡分，以前分為短篇、中篇、長篇三類，現在則又多分出「小小說」一類。「小小說」又稱「微型小說」。

小小說，有時候和有故事情節的散文難以分辨。像上一講第三節所引的美國羅特爾的〈我〉，可能就有人認為它是小說。現代人的小說觀念，除了肯定它必須具備人物角色及故事情節等等因素之外，通常還認為它必須有虛構的成分，而非全是事實。如果全是事實，就不該稱為小說了。像羅特爾的〈我〉，文中所寫的情節和對話，都是為結尾所強調的處世之道而設，可以歸屬散文，但像下面所引的俄國小說家屠格涅夫（Ivan Turgenev, 1818-1883）的〈乞丐〉：

乞丐

屠格涅夫

我從街上走過……一個衰弱不堪的窮苦老人擋住了我。

紅腫的、含淚的眼睛，發青的嘴唇，粗劣破爛的衣衫，齷齪的傷口……哦，貧困已經把這個不幸的生靈啃噬到多麼不像樣的地步！

他向我伸出一隻通紅的、腫脹的、骯髒的手……他在呻吟，他在哼哼唧唧地求援。

我摸索著身上所有的衣袋……沒摸到錢包，沒摸到表，甚至沒摸到一塊手絹……我什麼東西也沒帶上。

而乞丐在等待……他伸出的手衰弱無力地擺動著，顫抖著。

我不知怎樣才好，窘極了，我便緊緊地握住這隻骯髒的顫抖的手……

「別見怪，兄弟。我身邊一無所有呢，兄弟。」

乞丐那雙紅腫的眼睛凝視著我，兩片青色的嘴唇淺淺一笑——他也緊緊地捏了捏我冰冷的手指。

「哪裡的話，兄弟」，他口齒不清地慢慢說道，「就這也該謝謝您啦。這也是周濟啊，老弟。」

我懂了，我也從我的兄弟那裡得到了周濟。

（智量譯）

這篇記人敘事卻不說理的文章，就被歸為小小說。雖然篇幅短，字數少，也用第一人稱的「我」來敘述，但它有人物角色和故事情節，具備了小說的構成條件。文中對乞丐形象的描寫：紅腫的含淚的眼睛，發青的嘴巴，粗劣破爛的衣衫，齷齪的傷口，通紅的腫脹的骯髒的手，等等，都是極盡形容的文學筆觸，而其出人意外的結局，寫該乞丐發現「我」一無所有，得不到「我」的任何施捨時，反而緊緊握住「我」伸出的表示歉意的手，說：「這也是周濟啊」。這種寫法，真令人有「陡然一驚」的感覺。這是文學的表現，而不只是事件的敘述或說明。所以它是小說。

屠格涅夫是俄國十九世紀傑出的小說家，他的《獵人手記》、《羅亭》、《父與子》等等長篇名著，反映了該世紀四十至八十年代俄國的社會現實，藝術技巧又很高明，所以備受後世推崇。即使寫這種極短篇的小小說，也同樣可以見其功力。

同樣的，在中國近現代文學界有極大影響力的魯迅，他也有《狂人日記》、《阿Q正傳》等等小說名著，為近代白話小說的發展開闢了新天地。他還有一些介乎小說與散文之間的短篇作品，也頗值得我們注意。例如他的〈立論〉：

立論

魯迅

我夢見自己正在小學校的講堂上預備作文，向老師請教立論的方法。

「難！」老師從眼鏡圈外斜射出眼光來，看著我，說。「我告訴你一件事——

「一家人家生了一個男孩，合家高興透頂了。滿月的時候，抱出來給客人看，——大概自然是想得一點好兆頭。

「一個說：『這孩子將來要發財的。』他於是得到一番感謝。

「一個說：『這孩子將來要做官的。』他於是收回幾句恭維。

「一個說：『這孩子將來是要死的。』他於是得到一頓大家合力的痛打。

「說要死的必然，說富貴的許謊。但說謊的得好報，說必然的遭打。你……」

「我願意既不謊人，也不遭打。那麼，老師，我得怎麼說呢？」

「那麼，你得說：『啊呀！這孩子呵！你瞧！多麼……。阿唷！哈哈！Hehe! he, hehehehe!（嘿嘿！嘿，嘿嘿嘿嘿！）』」

這是魯迅在民國十四年（一九二五）七月八日所作，藉作文立論來諷刺人情世態，應有所為而發。文中寫他夢見的場景、老師的動作與語氣，頗具諷刺小說的意味。但它究竟是小說或散文中的所謂雜文，恐怕難有定論。

其實，散文和小說都是文學形式體製的分類之一，文學形式體製的分類，有時候會有界限模糊的地帶，例如有些作品在形式上介乎詩與散文之間，歸入詩不宜，歸入散文也不宜，我們只好稱之為散文詩，像朱自清的〈匆匆〉，就是此例。這跟古代把介乎韻文與散文之間的駢儷文字，稱為駢文，是一樣的道理。也因此，像魯迅〈立論〉這類有故事情節而虛實難辨的散文，是否可稱之為小小說，恐怕真的見仁見智，難有定論。

二、回顧中國舊小說的傳統

古代有人只依用韻情況將一切文章分為韻文和散文兩種，那時候的所謂散文，包括我們今天所說的小說在內。先秦諸子中的神話、寓言，漢魏六朝文中的鬼神怪異之談，都不乏故事題材，是小說的雛形；即使在經史典籍之中，也不難發現古人在敘事說理時，採用了不少與今日小說相同的表現手法。

例如《莊子》的〈逍遙遊〉篇中，動物可以對話；〈秋水〉篇中，河海可以對話，藉了多少「荒唐之言」、「無端崖之辭」，來說明齊物同生死的道理。虛構的情節，卻說得合情合理。

例如《史記》的〈淮陰侯列傳〉，為了說明韓信為什麼後來對劉邦那樣感恩圖報，有了鼎足對峙的機會，卻感念劉邦「解衣衣我，推食食我」，不肯背叛劉邦，最主要的原因，即在於他早年的貧微失意，被人輕侮，以及後來多年在項梁、項羽的旗下，一直沒有受到重視。所以一旦劉邦接受了蕭何的力薦，登壇拜將，重用了他之後，韓信也就存了「士為知己者死」的想法了。就為了突顯這個因果關係，司馬遷對於韓信早年的貧微失意，一開始就寫了三個情節來鋪陳強調：第一、他在朋友南昌亭長家常吃白飯，亭長妻患之，故意給他難堪，在他去吃飯時，不為他準備；第二、他沒飯吃，在城外河邊釣魚，有漂打絲絮的婦人看他面有飢色，弄飯給他吃，前後幾十天，當他表示將來會報恩時，想不到那婦人竟說她只是同情，根本不指望他回報；第三、淮陰市井有不良少年見韓信好佩刀劍，故意在街上群眾面前侮辱他，請韓信用佩戴的刀劍殺他，否則就從他胯下匍匐爬過去。韓信竟然忍辱低頭伏身而過。這三個鋪陳的情節，本來求文章簡潔的話，只要用「貧無行」三字就可以交代了，但「貧無行」只是事情的說明，鋪陳了這三個情節，才是文學的具體表現，也才有了小說的趣味。

因此，談中文小說的起始，很多人都說到了唐人的傳奇，才是真正的開始。這話雖沒說錯，但唐傳奇之前，其實已有不少文章具有小說的質素了。

唐人傳奇小說，作意好奇，多幻設語，不但講求寫作技巧，而且善於運用想像，因此即使反映社會現實，或描寫真人史實，也頗靈活生動。例如杜光庭的〈虬髯客傳〉，寫李世民及李靖等風塵三俠的故事，處處虛實相生，高潮迭起。

有的根據史實，有的憑空虛造。憑空虛造者多，可是卻又寫得合情合理，前後呼應，叫人寧可相信真有其事。寫虬髯客、李靖、紅拂妓風塵三俠在靈石旅舍初遇時，虬髯客的一連串動作：

於是開革囊，取一人頭并心肝。卻頭囊中，以匕首切心肝，共食之。曰：「此人天下負心者，銜之十年，今始獲之。吾憾釋矣。」

吃人心肝，本來是多麼野蠻可怕的行為，可是虬髯客說誰對不起天下蒼生，他就要殺了取其心肝來吃，才能消心頭之恨。我們讀了，只覺得他有豪情壯志，卻不覺得他野蠻可怕，而且由此可見他實以蒼生為念，不是惡人。敘述時，說他先打開皮囊，「取一人頭并心肝」，先出示負心於天下蒼生者的人頭，再丟回囊中的用意，是要李靖知道底下所吃的心肝，是該人心肝，不是豬肝、牛肝之類。這些都是很細致的寫作技巧。

後來虬髯客二度見了文皇李世民之後，決定放棄與他逐鹿天下之心，反而邀約李靖和紅拂妓到家，把平生積蓄財產，悉數轉贈，請他們輔佐李世民，做為締構天下之資。文中對他的積蓄財產是怎樣描寫的呢？要是他人來寫，恐怕多寫金銀財寶堆積如山之類，可是〈虬髯客傳〉卻出人意料地這樣寫：

家人自東堂舁出二十牀，各以錦繡帕覆之。既陳，盡去其帕，乃文簿鑰匙耳。

太精彩了！簡直像變魔術一樣，把最平常的字眼：「文簿鑰匙」，變成了最最無法估計的財物。想一想，文書帳簿上的一則一行，記載的可以是多少房地多少存款，鑰匙中的一隻一串，又可以開啟多少珍藏寶庫。這些都是無法估計、無可限量的財產啊！這種寫法，化平實為神奇，是多麼高明的寫作技巧！

你說這樣的古代小說，值不值得我們欣賞和學習？

宋元以後的古代小說，多章回體的長篇說部，光從回目去看，即可看出著者對布局及修辭是多麼的重視。像《三國演義》寫關公的義、張飛的勇、孔明的智、曹操的奸，對人物的刻劃，是多麼地鮮明；像《水滸傳》寫魯智深的倒拔垂柳、武松的醉打猛虎、林沖的夜奔梁山，對場景的描寫，是多麼地扣人心弦；像《紅樓夢》寫賈府與甄府、榮國府與寧國府的興衰，寫賈府四千金及金陵十二釵的命運，或明寫，或暗喻，是多麼地滄桑悲涼。《三國演義》寫劉備請孔明出山的經過，連寫好幾回，使用烘雲托月法，先寫雛鳳、諸葛臥龍等好幾人，最後才寫到孔明的出場；《水滸傳》寫英雄好漢，由王進而史進，由史進而魯達，由魯達而林沖，人物一個接著一個，像連環一樣，一環扣住一環，看起來各自獨立，卻又前後相扣；《紅樓夢》先借冷子興演說榮國府，對賈府人物關係作概括的介紹，然後再借林黛玉的眼睛和腳步，帶領讀者看到其中的主要角色和居室環境。其他像《三國演義》寫關公夜讀《春秋》，用意在明其男女之防；《水滸傳》寫林沖風雪山神廟，用意在喻其世路之險；《紅樓夢》寫品茶櫳翠庵時，妙玉端給寶釵的茶具叫「𤓦瓟斝」，端給黛玉的茶具叫「點犀喬」，那是用諧音法暗示在妙玉心目中，寶釵「半包假」，而黛玉則是「點蹊蹺」。這與舊詩詞中比興寄託的寫法，如出一轍。從這些例子可以體會到古代的小說名著，可供我們欣賞和學習的地方，真的很多很多。

外國的小說名著，當然也一樣。清末民初以後的中文小說，不管在內容思想或形式體製上，都受到歐美和日本等外國文學思潮的影響。一直到今天，仍然如此。關於這些，用不著在此多講。

三、縱論現代小說的新發展

在古人的觀念裡，小說是道聽途說、街談巷語的末技小道，難登大雅之堂；在現代的觀念裡，小說則有薰、浸、刺、提等等作用，與社會群治有很密切的關係。小說雖然常有虛構的故事情節，但在虛構的背後，它卻常以真人實事為樣本，因此好的作品，必然能反映時代，觀照人生。

事實上，小說和散文的差異，不僅在於形式體類的不同，也在於寫作題材的不同。散文所寫的內容情意，基本上要求真實，否則不誠無物，就會被評為虛情假意，沒有價值。例如寫自傳或遊記，你如果無中生有或真假參半，讀者發現了，就會覺得「餘無足觀矣」。但是，對於小說則不然。合乎事實也好，不合乎事實也好，讀者對於小說的要求，不在事之有無，事之真假，而在於作品本身寫得好不好，有沒有「真實感」，能不能感動人心。「真實感」不是指真人實事，而是指描寫逼真。所謂「逼真」，就是說要寫得像真實的一樣。小說只要讀起來，有真實的感覺，那麼所寫的題材本身是真是假，讀者也就不會計較了。甚至於小說中形象經過改造的歷史人物，如關公、張飛、孔明，或小說作者所虛構的典型角色，像賈寶玉、林黛玉、薛寶釵，或魯迅筆下的阿Q等等，都好像變成了真實的歷史人物，會活生生地活在讀者的心目之中。這就是小說的奇妙之處。古人認為它是末技小道，近代以來卻視之為經世化民的利器。小說的地位越來越高了。

近現代的文學作品，以小說為大宗，流行最廣，影響也最大。受到西方思潮和翻譯小說的影響，很多小說作家，在體製上，脫離了章回體的格式；在語言上，採用了口頭的白話和方言；在題材上，歷史、社會、愛情、戰爭等等，無所不取；在技巧上，則兼採古今中外之長，更擅長於篇中製造衝突矛盾的事件，以突顯人物形象及故事主題。甚或主張全盤西化，願意保留舊形式、舊寫法的很少。寫作範圍越來越廣，寫作方式也越來越多樣化。

十九世紀中葉以來，有幾種小說的發展，是不能忽略的。其中最特別的，是武俠小說和偵探小說。武俠小說，其俠義觀念來自中國古代的刺客與游俠，但其表現技巧則最富有創意，最善於運用想像，最活潑而不受舊有形式的限制。像金庸寫武俠小說，既有深厚的古代文史根柢，又能應用西洋電影的表現藝術，所以能別開生面，至今盛行而不衰。偵探小說，雖與古代公案小說略有淵源，但絕大多數來自域外，其敘述要求一切合理，最講邏輯性，論其破案過程，層層推進，也最富於科學精神。像英國阿嘉莎‧克莉絲蒂的《東方快車謀殺案》，或日本森村誠一的《人性的證明》，故事情節都如同剝繭抽絲一般，逐步揭開謎團，帶領讀者進入推論合理的小說世界。前者講求想像活潑，後者講求推論合理，只要是名家的好作品，只要讀者善讀之，對於閱讀和寫作其實都有幫助，不必像過去有些人那樣，把它們貶得一文不值。

同樣的情況，一些以描寫愛情為主軸的純文藝小說，以及容易吸引青少年的一些文藝創作，過去很多家長和老師都以浪費時間、迷惑心智為理由，反對青少年閱讀，我則以為禁止不如輔導，只要是名家名著，看看又何妨。好或不好，是可以討論的。經過討論，再加以輔導，說不定效果更好。古人說讀《法華經》，善讀者轉法輪，不善讀者反被法輪轉，道理就是這樣。我自己在讀大學中學時，有些同學愛看孟瑤、瓊瑤的小說，都曾經聽過他們有人被家長責備：整天「猛搖」「窮搖」幹什麼！其實，孟瑤、瓊瑤她們的作品那時候我都讀過，雖不曾沉迷其中，但覺得她們的文筆非常流暢優美，仍有可以學習之處，不必一筆抹殺。

因此，我是鼓勵初學者或青年朋友多讀小說的人，多讀古今中外的名家名著，只怕少，哪怕多？從中我們可以看到不同的時代，不同的地區，不同的思想觀念，不同的生活方式；更何況它們有不同的故事情節，讓我們認識到不同的人生。在觀照、比較之後，我們應該更知道要如何面對自己，面對人生。

也因此，我在閱讀許多小說名作的時候，常常設身處地，入乎其內，化為其中的某一位角色，來感受作者的心靈。會產生感動共鳴的，必然會注意作者是如何來描寫這個情節。像屠格涅夫的〈乞丐〉，最感動我的是最後一句話：「我懂了，我也從我的兄弟那裡得到了周濟。」這是對人生的一種悲憫，是一種高貴的情操。像魯迅的〈立論〉，最引起我共鳴的，也是最後那一段話：「啊呀！這孩子呵！你瞧！多麼……。阿唷！哈哈！嘿嘿！嘿！嘿嘿嘿嘿！」寫得太精彩了！只用幾句語氣詞，就這麼簡短有力地說出了舊社會舊文化中蒙混的積習。這比起一些批判性的論說文字，要來得透徹精闢。

基於這樣的觀點，對於魯迅以後的作家作品，和對古代文學家一樣，我都懷抱著一種崇敬的感情。以台灣當代的小說家為例，白先勇、陳映真、黃春明等人，都非常傑出。白先勇筆下沒落的貴族、孤獨的心靈，陳映真筆下社會的底層、政治的迫害，黃春明筆下卑微的人物、苦中的歡樂，都曾經深深地感動了我。他們筆下的人物角色，曾經跟我們生活在一起，現在與未來也一樣會以不同的名字和面貌，和我們生活在一起。所以，我們應當好好地面對他們，好好地觀賞。說不定，有一天你的筆下也會出現這樣的角色人物。

第11講 戲劇

一、中國戲劇

戲劇，是集文學、音樂、舞蹈、美術、造型等等於一體的綜合藝術，像其他類型的文學作品一樣，可以用來表達情意，觀照人生。

無論中外古今，戲劇的構成要件，離不開人物角色、故事情節、劇場舞臺等等；表演的形式，離不開獨白對話、音樂歌唱、舞蹈動作等等。雖然戲劇的種類非常多，對上述的表演形式，各有側重，偶而會缺其中一小部分，但希望吸引讀者的注意，得到觀眾的共鳴，則和其他類型的文學作品沒有兩樣。

就傳統戲劇而言，古代中外戲劇和詩歌的關係都極為密切。以下先說中國戲劇的部分。

中國古典的戲劇，有時候就稱為戲曲；曲和古典詩詞一樣，都是韻文，而且原來指的是可以被諸管絃、配樂歌唱的音樂文字。《詩經》以及《楚辭・九歌》等等古代詩歌，本來也略具戲曲的音樂、舞蹈成分，只是尚未成熟而已。

中國古代的戲曲，大致是從宋、元以後逐漸發展起來的。一般分為「南戲」、「雜劇」和「傳奇」三大類。南戲，指宋、元時流行於南方溫州一帶的戲文；雜劇，指流行於北方大都（今北京）的戲曲，也稱為院本；傳奇，與唐人小說的「傳奇」名雖同而實異，指的是明、清以後，以南曲為主而兼採北曲的戲劇。基本上，它們都以「曲」、「科」、「白」來搬演故事。「曲」，即戲劇中的唱詞；「科」，即舞臺上的動作，亦稱「介」；「白」，即劇中人物角色的說白，包括獨白和對話，亦稱為「賓白」或「道白」。大抵言之，南曲清柔，北曲雄壯，各有各的特色。

中國古典戲劇的結構，通常前有「家門」，或「題目正名」。南戲本不分齣，雜劇則以四折、四套曲子為主，偶而前加楔子，而傳奇則有齣目，通常全本有三、四十齣左右。齣和楔子都是專有名詞，齣也稱「出」，約等於今天所說的場次，楔子則約等於今天所說的序曲。一般而言，戲劇要把不同時空背景的故事情節，集中在戲場或舞臺上短時間內演完，所以結構都非常講究。至於戲曲中的角色，主要有末、生、旦、淨、丑等等，用今天的話來說，也就是男女主角和配角等等。

以代表的作家作品言，論南戲者，有所謂「荊劉拜殺」，指《王十朋荊釵記》、《劉知遠白兔記》、《王瑞蘭閨怨拜月亭》、《楊德賢婦殺狗勸夫》四種。其實只有施惠的《拜月亭》和沒有提到的高明《琵琶記》足為代表。論雜劇者，有所謂「關馬鄭白」，指關漢卿、馬致遠、鄭光祖、白樸四家，其實鄭光祖應該換為沒有提到的《崔鶯鶯待月西廂記》作者王德信（字實甫）。明清傳奇則名家輩出，其中像梁辰魚的《浣紗記》、湯顯祖的《牡丹亭》、孔尚任的《桃花扇》、洪昇的《長生殿》，都是傳誦一時的名著。

底下節錄王實甫《西廂記》第四本第三套寫長亭送別的一小段，略加解釋，以便讀者窺見古代戲曲的一斑：

〔生拜辭夫人科〕

意思是說：崔鶯鶯母女、法本和尚為張生餞行之後，崔母打算離去，所以張生做出拜辭崔母的動作。

〔夫人云〕別無他囑，願以功名爲念，疾早回者。

意思是：崔母說：沒有別的吩咐了，只希望張生以功名為念，早日榮歸。

〔生辭本科〕

意思是：張生又做出向法本和尚辭行的動作。

〔本云〕此一行別無話說，貧僧準備買登科錄看。做親的茶飯，少不了貧僧的。先生在意，鞍馬上保重者。

意思是：法本和尚答禮預祝張生此去進京趕考，早日得狀元歸來。他會注意登科進士的榜單，而且樂見張生婚姻大事。最後還要張生旅途保重。

〔本念〕從今經懺無心禮，專聽春雷第一聲。

意思是：法本和尚道白之後，又念了兩句詩，預祝張生春闈得意，中個狀元歸來。為此祝願，他連念經禮佛都沒心情了。

〔下〕〔旦唱〕

意思是：法本和尚念完詩就下場了。接著是崔鶯鶯唱。

〔四邊靜〕霎時間杯盤狼藉。車兒投東，馬兒向西。兩處徘徊。落日山橫翠。知他今宵在那裡，有夢也難尋覓。

〈四邊靜〉是曲調名。曲文就是崔鶯鶯所唱的曲子。內容主要是寫她與張生依依不捨的惜別之情。

在這一小段文字裡面，有「科」，有「白」，有「曲」，這是古代戲曲最基本的表演形式，而其中的詩句曲文，則又與古典詩歌的情味韻致相同，充分表現了中國古典戲劇韻散相兼、歌舞並擅的形式美。

中國古典戲劇的發展，淵遠而流長，清代以後，種類更為繁多，用現代的話來說，如依表演形式，可分為歌舞劇、歌劇、舞劇、話劇等等；如依地區來分，可分為京劇（平劇）、崑曲等等各地方劇種；如依場景來分，可分為獨幕劇、多幕劇等等；如依內容性質來分，則可分為悲喜劇、悲劇、喜劇、笑鬧劇（滑稽戲）等等。越到後來，越受到西方戲劇和科技文明的影響。

二、西洋戲劇

西方戲劇的源頭，在古希臘。大約在公元前第五世紀，住在愛琴海岸的希臘人民，由於政治安定，經濟繁榮，海上貿易發達，在飽食之暇，宗教祭祀和娛樂活動結合在一起，逐漸形成了戲劇的形式，而帶有表演的性質。在古希臘人的觀念裡，眾神住在奧林匹斯山上，神的世界和人的世界是交會的，並沒有隔離。神固然長生萬能，但並不完美，他們同樣具有人性中的種種弱點。因此，在宗教祭祀和娛樂活動中，例如有關酒神的祭典，神人可以同歡共樂。起先人們所歌頌的對象，只限於酒神，後來逐漸擴大為半人半神或某些傳奇英雄人物，到最後更擴大為希臘人的祖先。扮演者在祭典中載歌載舞，戴著面具，穿著戲服，利用詩歌、對話和姿勢、動作來表達感情，來搬演神人的英雄傳奇。戲劇於焉產生。

就像《詩經》和《楚辭・九歌》之於中國，古希臘的戲劇，亦多以詩歌的形式來展現，因此有所謂「戲劇詩」之稱。尤其是一些古希臘的悲劇，更具有雄偉悲壯的詩情和美感。例如埃斯庫羅斯（Aeschylus, 公元前 525-456?）的《被縛綁的普羅米修斯》，敘述悲劇英雄普羅米修斯盜取天火以救人類的故事。劇中他的崇高和完美，相較於天神宙斯的兇暴與無情，正是鮮明而強烈的對照，非常富有戲劇的對照性。

古希臘的悲劇，對後世的影響非常之大。從歐洲中世紀的宗教劇，到義大利文藝復興時期的悲喜劇，無不在它的籠罩之下。至今，西方學戲劇的人，也多以之為不祧之祖。

十六世紀的英國，出現了一位偉大的戲劇大師莎士比亞（William Shakespeare, 1564-1616）。他早年喜歡寫十四行詩，後來更熱衷於戲劇創作。他傳世的劇本共三十七部，其中有喜劇像《仲夏夜之夢》、《威尼斯商人》、《第十二夜》等等，有悲劇如《羅蜜歐與茱麗葉》、《哈姆雷特》、《李爾王》、《馬克白》等等。或氣韻流動，或波瀾壯闊，都是膾炙人口、享譽古今的名著。成為世界戲劇界的經典之作。

在莎士比亞之後，歐洲的戲劇界可謂名家輩出，在不同地區競奇爭勝。西班牙的維加（Lope de Vega, 1562-1635）、卡爾德隆（Pedro Calderon de la Barca, 1600-1681），法國的莫里哀（Molière, 1622-1673）、拉辛（Jean Racine, 1639-1699）等等，或利用宗教劇的外在形式，來表現世俗生活的情趣，或借助古人古事來寄託自己的社會思想。卡爾德隆曾說：「世界是個大舞臺，我們每一個人都在其中扮演自己的角色。」他的喜劇作品，如《隱居夫人》等等，諷刺了社會百態。莫里哀的《慳吝人》等等喜劇，則對拜金主義的資產階級，極盡諷刺之能事。

十八世紀，西方社會進入了所謂啟蒙主義的歷史時期，資產階級起來反抗封建制度的統治。起先發萌於英國，後來傳到法國。有些思想家，像伏爾泰（Voltaire, 1694-1778）、狄德羅（Denis Diderot, 1713-1784），他們都是無神論者，反對封建制度及教會權威。他們同時也都是劇作家，他們在反對宗教專制之餘，也企圖建立社會道德的新規範。

十八、十九世紀之交，浪漫主義崛起，自由、平等、博愛的思想主張，瀰漫了整個歐洲。劇作家所信奉追求的，也各有不同。有人主張恢復古代的宗教戲劇，有人主張以莎士比亞為學習的模範。他們喜歡表現自己的內心情感，描寫忠貞不渝的愛情。代表人物有德國的歌德、席勒（Friedrich von Schiller, 1759-1805）以及法國的雨果（Victor Hugo, 1802-1855）、小仲馬（Alexandre Dumas fils, 1824-1895）等。歌德的《浮士德》是其中最著名的長篇詩劇，而小仲馬的《茶花女》，則是法國式浪漫主義的後勁之作。

十九世紀末，西方戲劇開始進入所謂現實主義的時期。科學技術、物質文明極為發達，但自然危機和精神危機也極為嚴重。於是有些戲劇作家在這樣的時代背景之下，極力主張：題材內容要反映人生，與現實生活密切相關；藝術技巧要塑造典型人物、刻劃細節；組織結構要謹嚴周密，盡量使時間、空間與事件集中呈現；表演方式則要求演員生活於劇中角色的情境之中，以期在舞臺上能逼真地演出該角色的精神風貌。

代表作家有挪威的易卜生（Henrik Johan Ibsen, 1828-1906）、英國的蕭伯納（George Bernard Shaw, 1856-1950）以及俄國的契訶夫（Anton Chekhov, 1860-1904）、高爾基（Maxim Gorky, 1868-1936）等人。其中易卜生被推為現代戲劇之父，早

年作品多取材於挪威的英雄傳奇、神話故事和民歌民謠等等，後來才轉向關心社會問題，《玩偶之家》、《人民公敵》等劇作，注重日常生活細節的描述，人物心理的刻劃，使舞臺上的演出，讓觀眾產生了如真似幻的感覺。這些作品，是現實主義的典範之作。高爾基的《底層》，表現了社會最底層人們的生活狀況。鎖匠、妓女、搬運工、流浪漢等等，他們雖然出身不同，行為各異，但都同樣生活在痛苦迷惘之中。高爾基的戲劇創作，就透過這些客觀的展現，促使大家重新思考人生及社會的種種問題。

此外，還有一些標榜「現代」、重視直覺，以及標榜「象徵」、崇尚唯美的作家，例如瑞典的斯特林堡（August Strindberg, 1849-1912）、比利時的梅特林克（Maurice Maeterlinck, 1862-1949）、英國的王爾德（Oscar Wilde, 1854-1900）等等，都是備受矚目的名家。

至於二十世紀以後的名家，如法國沙特（Jean-Paul Sartre, 1905-1980）、美國的尤金・奧尼爾（Eugene O'Neill, 1888-1953）、田納西・威廉斯（Tennessee Williams, 1911-1983）等等，因限於篇幅，就不一一列舉介紹了。

三、展望未來

以上介紹中西傳統戲劇的流變，下面分別從承襲與創新兩方面來推論中西戲劇未來的發展，並提供初學寫作者一些參考的意見。

先從西方戲劇說起。

西方戲劇的傳統，和中國傳統的戲劇不同。中國傳統的戲劇，在內容思想上，標榜忠孝節義，敬天畏神，一切故事題材，無不以此為寫作的重心，而在藝術表現上，則多講究承襲前人的長處，賓白如何說、科介如何演與曲文如何唱，怎麼搭配，也多有舊規可循。但西方的戲劇，從發展的歷史去看，卻非如此。它雖有襲舊蹈常處，然而它卻更講究創新。筆者這樣講，並不是說中國只知守舊，而西方皆能創新。這其實牽涉到中西文化的不同。中國的文化，包括文學、藝術等等，它們不是不講創新，而是主張從承襲中找創新，從舊傳統中去找新出路。所謂「推陳出新」，就是這個意思。

西方戲劇卻從一開始即非如此。古希臘的戲劇，例如上文提到的《被縛綁的普羅米修斯》，它就充滿了反抗權威、挑戰神靈的悲劇精神。後來的名家名作，雖然也從傳奇英雄和歷史故事中去取材，做為寫作的對象，但他們有更多人去反映社會的現實和時代的真相。因此，從內容到形式，西方戲劇的變化比較多，越到後來，求新求變的呼聲，也越為強烈。例如在十九世紀第一次世界大戰前後，戲劇界就出現了一些前衛作家，他們為了打破傳統的束縛，不避荒誕，主張要創新，篇幅越短越好。例如義大利的馬里內蒂（F. T. Marinetti, 1876-1944），他的代表作《他們來了》，寫一群不說話的人，在舞臺上把桌子、椅子搬來搬去，在等候客人的光臨。但等的客人是誰，他們竟不知道。到最後客人沒出現不說，竟然連桌椅也會自動走出門去。整個劇本只有四句臺詞，而且其中有一句誰也聽不清楚。

這樣的劇本，從傳統戲劇的眼光看，實在是太荒謬了！但比這個要更令人驚異的是，未來派的劇作家弗朗西斯科・康丘羅（Francesco Cangiullo, 1884-1977），他的《槍聲》，竟然全篇連一句臺詞都沒有：

角色：一顆子彈。

一條街。黑夜。冷極了。一個人也沒有。

沉寂一分鐘後——突然一聲槍聲。

（幕下）

這樣寥寥數行的作品還能稱為戲劇嗎？爭論是免不了的。它在戲劇史上或許不會有什麼地位，但它卻自有其創新的意義，而且對後來的劇作家也可能有些影響。例如英國貝克特（Samuel Beckett, 1906-1989）的《等待果陀》，寫兩個流浪漢坐在荒野枯樹旁，等候一個名叫果陀的人。果陀究竟是誰，他們並不了解。他們只是在舞臺上重複地做出脫鞋、穿鞋，脫帽、戴帽等等無聊的動作，彼此說些無聊的話。……像這些地方便顯然受到馬里內蒂等人的影響。貝克特是誰？他就是一九六九年諾貝爾文學獎的得主。

可見創新求變的觀念，在文學創作中有其一定的價值與意義。但是，對於初學者或青年朋友而言，似乎不宜一開始就學這些。因為它易學而難成。易學本來是好的，但一開始就學新巧的東西，容易有只玩花樣的流弊。其實，想真正了解西方戲劇，應該先學好西方各國的語文，這哪裡容易？因此對一般人而言，多讀些有關西方戲劇的書刊是好的，但不必在鑑賞之初，就想要從事這方面的創作。

基於以上的認識，我認為西方的戲劇名著儘可多多閱讀；西方戲劇改編的歌劇、話劇以及電影、電視劇等等，也儘可多多欣賞，但談到習作，則不妨先從中國古典戲曲名著的鑑賞開始。中國古典戲曲與古代詩歌、散文、小說是互通的，可以觸類旁通，也可以互相參證。因此在閱讀文學作品時，戲曲可與詩文小說同時並進。特別是藉衝突矛盾來塑造人物形象，突顯主題，戲劇與小說更為接近。先求能欣賞案頭或電子媒體上傳統戲曲名著的聲律之美和結構之巧，再配合現代可以親身接觸的各種藝術表演，包括京劇、崑曲等等地方戲曲，以及話劇、歌舞劇等等不同形式的表演活動，博觀而約取，然後才可能取其精華，知所效法，知道如何掌握運用戲劇語言，安排懸疑情節，塑造典型人物性格。如此而進一步從事戲劇的創作，也才有厚實的根柢。

前面說過，戲劇是集文學、音樂、舞蹈、美術、造型於一體的綜合藝術，從學習上來說，它本來就是屬於較為後段的工作，必須對詩歌、散文、小說等等文學作品，有了基本的認識之後，才能進一步討論的。這與應用文一樣，必須先學好抒情文、記敘文和論說文的寫作，然後才有可能適當地應用它們到實際的生活之中。也唯有對以上的各種文體文類，有了基本的認識與寫作能力，也才適合從事文學批評。前段的基礎沒有打好，後段的工作想要順利進行，恐怕不容易。

肆 習作篇

上文一再說：要寫好文章，必須多讀，多寫，多看，多想，多商量，多討論。不但要多閱讀古今中外不同類型的名篇佳作，培養鑑賞的能力，而且要多模仿練習，磨練自己的文筆。

以下選錄我自己早年的一些習作，配合抒情、記敘、論說三種文體，說明這些習作的寫作動機、背景等等，作自我的剖析反思，供初學者及青年朋友們創作時參考。

第12講 抒情文

一、善用想像：當我年老時

請先看我二十歲左右所作的一首新詩：

當我年老時

白髮間找不出狂妄的當年，
在燈下，默數念珠……

吳宏一（見《繡風集》）

風聲雨聲，都關在窗外了。
像一齣戲，剛哭過、笑過，
就將要落幕，彷彿也有掌聲。

戰爭已成遙遠的故事，
坐在燈前，一切漸歸平靜：
想那年在長安在北平，
想那年在巴黎在東京，
只感到迷惘，彷彿那只是夢境。

一半懷念，一半悔恨，
因為已無從尋找自己的腳印。
翻開早年的作品，

都是哀傷，都是熱情，

——忽然感到迷惘，彷彿那只是夢境……

我在中學大學讀書期間，雖然學校課業壓力不輕，但我仍然讀了很多課外讀物，其中包括世界文學名著中譯本，和我喜歡背誦的中國古典詩歌。世界文學名著中，我特別喜歡歐洲、俄國、日本的小說，對於書中的異國風光和生活情調，常常充滿嚮往之情。對於中國古典詩歌，我特別喜歡唐宋詩詞，當時真有不少作品可以倒背如流，因而對於長安（西安）、北平（北京）等地的名勝古蹟，也頗有認識，很想有朝一日能夠親臨其境。可是當時的臺灣，還在戒嚴時期，出國有許多限制，想要出國觀光或海外旅行，真是談何容易！所以想到歐洲、日本等地一遊，那是比登天還難。至於到大陸去，那時候兩岸關係緊張，勢同水火，更是痴人說夢。也因此，希望將來能出國到世界各地走一走，便成為終生期待的夢想了。

奇怪的是，那段期間我最常閱讀也最喜歡閱讀的，是外國小說和中國舊詩詞，可是我最勤於習作的，卻是散文小品和新詩。這首〈當我年老時〉，描寫的就是當時的心境。回想起來，那個時候的我，真的「少年哀樂過於人，歌泣無端字字真」。喜歡幻想，歌哭無端。〈當我年老時〉，就是預想自己年老時，回顧平生舊遊往事，將是如何的一番心境。這是想像中的想像。

詩分三段：第一段預想自己後來出了半個家，帶髮在家修行，一切歸於空寂，所以說白髮在燈下，默數念珠，把風聲雨聲、是非恩怨都關在窗外，棄之不顧了。說「像一齣戲」，那是受了前人比喻「人生如戲」的影響；說「剛哭過、笑過，就將要落幕」，那是比喻人生的短暫；「彷彿也有掌聲」，那是對自己平生志業的期許，希望自己不會在人生道路上白白地走一遭。整段詩的情境，回想起來，似乎多少受到當時很喜歡的一首宋詞的影響：

少年聽雨歌樓上，紅燭昏羅帳。

壯年聽雨客舟中，江闊雲低，斷雁叫西風。
而今聽雨僧廬下，鬢已星星也。
悲歡離合總無情，一任階前點滴到天明。

蔣捷〈虞美人〉的這種情境，至今猶令我心碎和心醉。第二段設想兩岸緊張對峙的局面，當我年老時，已成為遙遠的故事。在我年老之前，早已到過長安、北平等地，也到過巴黎、東京等地。「只感到迷惘，彷彿那只是夢境。」是痴人說夢，夢中有夢。

奇妙的是，這些早年以為難如登天、痴人說夢的願望，竟然在近二、三十年間都真的一一實現了！夢想成真，人生多麼奇妙！只是回頭去看，覺得自己那時候那麼年輕，竟然有那麼多的想像，自己也不勝詫異！第三段是設想年老時，回顧平生的寫作志業，回想「少年哀樂」時所寫的作品，一定有不勝悵惘之情。就像李商隱說的：「此情可待成追憶，只是當時已惘然！」

你讀了我的這首少年之作以後，有什麼感想或批評？要不要寫下來，一起商榷討論？

你要不要也寫一首〈當我年老時〉？可以不拘形式，也不必擔心別人會不會嘲笑你太天真。少年的純真，本身就是美。少年的夢想，就是推動人生的力量。

如果你不願意寫詩，可以把它改成散文或小說。你也可以運用更多的想像力，參考更多與你夢想有關的資料，把你的夢想寫得更具體，更美麗。

二、多加修改：古典的月光

月下小札

吳宏一（見《微波集》）

天上有一個月亮，水上也有一個月亮。

我沿著溪岸走，月亮也跟著我走，要是你還在這兒，我們兩個人在溪旁的石凳上坐下來，看看天上的月亮，談談水上的月亮，何嘗不是一件樂事？然而，你已走了。我來的時候，只剩下靜靜的溪水，和天上水上的兩個月亮。

很想問問月亮，現在你的影子投在何處？但月亮不喜歡講話，我也不喜歡問她。

他們說，月亮的名字叫嫦娥，我不相信，嫦娥既然是人，總該有頭、腳、眼睛等等的，但月亮只是個白玉盤；我寧可相信，月亮是嫦娥的粧鏡。

今夜我帶來《李太白全集》，李太白的一生握在我手裡——。陳簡齋詩：「客子光陰詩卷裡。」李太白的一生也在詩卷裡。你總有一天會相信：年華就是日曆，日曆就是年華。

李太白在采石磯捉月落水而死，這已是古老的傳說，現在連外國人也相信這。他們說：「好羅曼蒂克！」你早就說過，你不相信；我現在也請你別相信，因為現在李太白就在我的手裡，月亮還在眼前，一個在天上，一個在水裡。

我讀李太白的詩，給流水聽，給月亮聽；你已經走了，不然你也可以聽到。

誰說的：「一樣明月，照人兩處登樓。」

別笑我活在唐詩宋詞裡，你何嘗不是！今夜的月亮，照著你，也照著我。現在，你在吟詩呢？或在吹笛？

想藉著月光寫信給你，——你喜歡麼？當然，還會寫給你喜歡的李太白和蘇東坡。

（五十三年十月二十四日，《中央副刊》）

這也是我二十歲左右的習作。用書信體的語氣，寫少年純真的賞月之情。在文學體類上，屬於抒情小品。

這篇文章的構成，可以提供給初學者參考的是，把眼前的景色和平日腦中心上所儲備的材料連繫起來，寫對月光的賞愛之情。眼前的景色，主要是：「天上有一個月亮，水上也有一個月亮」，腦中心上所儲備的材料，則主要是指李太白和蘇東坡詠月的詩句。這些詩句都是平日即已記得的，不是臨筆寫作時才去找。因此才能詩與境會，一觸即發。當時年輕，情感熱烈，所描寫的景物，有些地方可以看出來是「因文造情」。

二十年後，我和林海音、林良先生為國立編譯館合編《國小國語》教科書，曾經將此文改寫，經過編審委員會討論過通，選入第九冊（一九八二年後採用多年）。改動後，在用字遣詞和材料應用方面，頗有不同。題目也改為「月下」了，因為已不再採用書信體的語氣。請看下面所錄：

月下

天上有一個月亮，水裡也有一個月亮。

這是個月白風清的夜晚，一切這麼寧靜安詳。我沿著溪岸走，月亮也跟著我走。我走到那熟悉的楊柳樹下，在石凳上坐下來，看那靜靜的溪水，和天上水裡的兩個月亮。

有人說，月亮的名字叫嫦娥。我不相信，嫦娥既然是人，總該有頭、腳、眼睛什麼的，但月亮看起來，只像個白玉盤，只像一面明亮的鏡子。

李太白的詩句：「小時不識月，呼作白玉盤；又疑瑤臺鏡，飛在青雲端。」我小時候也曾經把月亮叫做白玉盤，也曾經懷疑它是月宮中嫦娥的妝鏡，所以，後來讀到這些詩句，覺得很有意思。怎麼我的想法會和李太白這樣相似呢？不過，我還是有些疑問，說月亮是白玉盤也好，是瑤臺鏡也好，當它飛在空中時，為什麼不會掉落下來？還有，嫦娥已經活了多久了？她一個人住在那樣高寒的地方，會不會寂寞，會不會悲傷？

李太白還有詩句說：「青天有月來幾時？我今停杯一問之。」蘇東坡也有詞句說：「明月幾時有？把酒問青天。」我不會喝酒，手中也沒有酒杯，但我也想問問青天：「明月幾時有？」

明月是從什麼時候開始出現的呢？李太白不知道，蘇東坡也不知道，我們都不知道。我們只知道：「今人不見古時月，今月曾經照古人。」李太白、蘇東坡看過的月亮，現在就在眼前，一個在天上，一個在水裡。

一切是這樣寧靜安詳，我就坐在月光下，溪岸邊，讀詩句詞句給流水聽，給天上水裡的月亮聽。

把「水上」改為「水裡」之類的更動，是尊重何容先生等人的意見，而將題意材料盡量集中改用李白的「小時不識月」那四句詩來引申，則是我幾番選材、構思後的結果。不知道經過討論、修改以後，〈月下〉是否比原來的〈月下小札〉好？

三、修辭技巧：頂真的格式

‧‧‧‧櫻花之旅

吳宏一（見《留些好的給別人》）

今年春殘花落的時節，我經過東京和京都時，終於看到了傳說中盛開的櫻花。啊！盛開的櫻花，紅的像火，白的像雪。

紅的像火，白的像雪，傳說中盛開的櫻花，是日本的國魂，是日本人的化身。小時候，家裡長輩受的是日本教育，常常聽他們說起日本的種種，包括劍和櫻花。劍代表力，櫻花代表美，日本人追求的，便是力和美。中學時看了不少描寫武士道的電影和翻譯小說，大學時有幾年春季，也像別人一樣排隊搭車，擠在熙攘的人群裡，去陽明山看櫻花，稀稀落落的櫻花。所謂日本人追求的力和美，便只有這麼一點點模糊的光影。這些年來，隨雲西去，渡海東來，有好幾次經過日本東京等地，但時序都在夏秋之際，所以一直沒有趕上花季，趕上傳說中的繁櫻似錦。

傳說中的繁櫻似錦，以前只在書刊上看，只在幻夢中想。如今忽然都在眼前了，但覺眼前一亮。一路迤迤邐邐，無限的明亮。首先是在東京的上野公園，三月底的中午，友人利用我到日本訪問東洋文庫、靜嘉堂文庫、內閣文庫及東大東洋文化研究所的空暇，說是邀去上野公園賞櫻。友人一路上指指點點，說園裡的櫻花才開了五六分，再過一個禮拜左右，花才會盛開怒放。他大部分的時間，用來說這座銅像紀念誰，說那幢建築紀念誰，好像要把日本的歷史，縮印在午陽似酒的櫻樹下。我則不在意的聽著，一心一意的，頂著正午的陽光，在上野公園紛飛的鴿影裡，抬望眼，看已開和未開的櫻花。一樹樹，一簇簇，紅的像火在燃燒，白的像雪在飄灑。恍惚間，我彷彿回到了從前的日本電影裡，看到古代的日本武士，為了表示自己的忠忱，齋戒後用劍切腹自殺的情景。紅的像熱血，代表忠誠；白的像白絹，代表純潔。再定睛一看，仍然紅的像火，白的像雪，一路上迤迤邐邐，都是櫻花。

一路上迤迤邐邐，都是櫻花。紫陌紅塵拂面來，無人不道看花回。四月七日的傍晚，我和友人又到了上野公園。這次花開已十分，千樹萬樹一夜發。不但櫻花樹下，連道路中央，一堆堆，一團團，都擠滿了賞花人。他們在夜櫻下，開懷暢飲，載歌載舞，不分男女老少，都盡情陶醉在櫻花怒放的夜空下。在彩籠風燈映照下，遊客如織，繁櫻似錦。啊，真是遊客如織，繁櫻似錦哪！櫻花如此美，如此令人心悸，如此令人心醉，覺得為了它，死了也無所謂。東京人生活的緊張，日本人工作的認真，日本產品的精緻，在這裡都可以找到最好的詮釋。為了美的完成，大家可以搏命一死。我終於看到了傳說中上野公園的「花祭」。

傳說中上野公園的花祭，沒有親眼目睹的壯烈，每一樹每一簇的櫻花，都好像變成了蝴蝶，在夜空中翩翩而飛。帶著這一份心靈的悸動，第二天，我坐新幹線子彈號到了京都。京都大學文學部的興膳宏教授，去年秋天與我在南京大學開會時認識，此次前來訪問，承他熱心照拂。在京都大學校區的露天法國餐館享受了精美的午餐，然後他雇車帶領我到銀閣寺去賞櫻。有一條久已聞名的「哲學之道」，逶迤在溪邊。有一條久已聞名的鴨川，蜿蜒在山前。溪邊山前，一眼望去，啊，盡是紅勝火白似雪的櫻花。比起上野公園來，這裡的環境安詳寧靜，但花開得更熱烈，更令人心悸，更令人別無選擇。一樹樹，一簇簇，團團的，絨絨的，真是沒有想到櫻花可以開成這個樣子，把太陽把天空都裝扮成錦繡一般。我對興膳宏教授說，日本人為什麼心醉於櫻花的美，我終於能夠體會了。他含蓄的回答，你的運氣好，一年就只開這麼幾天。

一年就只開這麼幾天，為了這短短幾天的美，日本人可以用一年來等待，甚至可以用一生來等待，甘心而無悔。啊！盛開的櫻花，紅的像火，白的像雪，我終於看到了傳說中盛開的櫻花，在今年春殘花落的時節。

這是二十年前我在日本的東京、京都等地，觀賞櫻花盛開時所寫的一篇抒情文。回頭再看，感情非常濃烈，色彩非常鮮明，可以想見當時賞櫻的驚喜之情，而且對於修辭的技巧，非常講究，像這一篇，全篇每一段落之間，全都使用了前後相應的頂真格式。

我寫詩作文，一向字斟句酌，但在二、三十年前，有一段時間，似乎特別注意修辭的技巧和格式的應用。像複沓、頂真等等，就是常用的修辭格。大部分用在寫景、狀物方面。像在寫這篇〈櫻花之旅〉之前，我在訪問美國哈佛大學期間，學棣孫芳碩夫婦開車載我在美國東岸一路欣賞楓葉，我也曾大量使用複沓、頂真等等修辭技巧，寫了一篇〈賞楓〉。第一段這樣寫：

楓葉紛紛自舊詩詞中飛到眼前來。我到波士頓的時候，正是紅黃滿眼的秋天。淡黃深紅的楓葉，隨著松鼠的跳躍，飄舞在樹梢，在路上，在眼前。美國東北部，到了秋天，一切風物如詩似畫，不但現代，而且古典。我在哈佛大學校園裡撿起了一片，又在雲中城堡山坡上撿起了一片……，從這一片片耀眼的紅黃裡，我好像重逢久別的故人，讀到唐詩宋詞中美麗的秋天。

又如第三段是這樣寫的：

哈佛在康橋，康橋在波士頓。我到波士頓的時候，正是紅黃滿眼的秋天。人人盡說楓葉好，無人不道賞楓回。楓葉，楓葉，淡黃深紅的楓葉，隨著松鼠的跳躍，飄舞在樹梢，在路上，在眼前。

從這些段落字句間，可以看出對於修辭的技巧，是如何地講究。拿來對照〈櫻花之旅〉，更可看出那些年間，我對於運思和修辭，在描寫景物時，是多麼地用心。

〈櫻花之旅〉首段的第一句：「今年春殘花落的時節」，和末段的最後一句：「在今年春殘花落的時節」，是相複疊、相呼應的，而每一段的最後一句，亦即為下一段的開頭第一句，這就是所謂頂真的格式。這篇文章，通篇皆然。這種寫法，可以增加文章的音樂節奏感，對於初學者而言，是不妨多多嘗試的。不過，適當應用即可，千萬不可過分強調。

你願意在描寫景物時，也試試多用一些修辭技巧嗎？

第13講 記敘文

一、體兼小說的散文

請先看下面一篇像微型小說的散文：

罰──犯罪的報酬是死

吳宏一（見《微波集》）

夜，深了。

秀琴匆匆地走出了鳳凰大酒家，心情忽然緊張起來，眼皮不停地在跳著。

她心情極其侷促不安，她希望能快點兒回到家裡，愈快愈好，因此她走得很快。

當她走到離家不遠的蔗田時，從路旁突然跳出一個漢子，截止了她的路。

「你……是……誰……。」

「我是我。」那漢子冷冷地說。

「幹什……什麼。」

「算帳，妳曾經拐去我全家的財產，又謀計使我坐三年的牢獄。」每字的咬音拖得很長很重。

他說後，她顫抖著，想起三年前她的拐騙……同時，她脆弱的跪下來，求他饒恕她。

他從身上拿出一把尖刀，向她刺來，等不及她喊出一聲「救命！」她已倒下……。

血從她的胸脯上汩汩流出來，她沒有一句怨言，默默接受這應得的懲罰……。

他默默的流淚，他殺死曾是他全心全意愛著的女人。現在：刀尖插進他自己的胸脯上……

（四十七年十二月十五日，《學生創作》）

這是我十六歲時的一篇習作。發表在民國四十七年（一九五八）羅悟緣主編的《學生創作》上。那時候，我剛唸高中一年級，不顧課業的繁重，每天大讀課外書刊，並練習寫作。

有一天，英語老師講解課文時，突然在黑板上用粉筆寫了一行英文字，譯成中文，意思是：「犯罪的報酬是死」。老師沒有多說什麼，只是強調：犯了罪，就要接受懲罰。可是，那句話卻震撼了我！因為我那時候住在高雄縣鄉下，每天要從大社鄉步行，經過紅橋外埔蔗田到楠梓搭火車上學。早出晚歸，通常路過那一大片舊橋頭糖廠的蔗田時，不是清晨，就是入暮時分。行人不多，又久已流傳一些鬼怪故事，因而看到那一大片蔗田，就提心吊膽。就在英語老師講「犯罪的報酬是死」的前一兩天，那一大片蔗田裡正好發生了一件命案：一個男人殺死了一個女人，然後又自殺了。那時候，我們一些同學年紀小，膽子也小，聽到消息心都慌了，不敢多打聽實情，卻愛紛紛推測原因。我常讀中外小說，好幾次用不同的情殺情節來臆測那對男女的關係。英語老師的那句話，因此引導我寫了〈罰〉這篇文章。

這篇文章的故事情節，是我編的，人名也是我取的，但「鳳凰大酒家」則確有此店，它就在外埔蔗田的路邊。當我們路過時，常常聽到店裡店外一片喧鬧聲，有時候是嬉笑，有時候是吵架，甚至偶而是砍砍殺殺。離不開男女情仇，說不盡私人恩怨。跟我年紀差不多的同學，應該對這些都還有印象，知道我所記敘的，不是憑空臆造。

愛情的故事常常有相似處，卻永遠寫不完。回頭看這篇少作，別有一番感觸。把它引錄在這裡，供初學者參考，固然有拋磚引玉之意，希望青年朋友多多練習寫作，但也不能沒有感慨：那一大片蔗田，如今早已消失不見了，現在當你從高速公路下了楠梓交流道，所看到的那一大片高樓華廈，對，那就是故事發生的地點。你想編個愛情故事，得換個背景了。

講記敘文的寫作，為什麼先舉這篇又像散文又像小說的作品為例呢？這是因為小說必然要有人物活動和故事情節，這跟記人敘事的散文，必須以記敘為主，道理是相通的。練習寫記敘文，先把所要記敘描寫的對象，想像為小說中的角色或事物，這樣的話，在下筆時，比較會顧慮到時空的因素和因果的關係。對初學者來說，應該是有幫助的。

二、它曾經是個生命

……寄給你的貝殼

吳宏一（見《微波集》）

一個朋友說過：「它曾經是個生命。」所以寄給你這些貝殼，希望你能夠珍惜。

這是我前年夏天在南方澳揀回來的，本來它們還有很多同伴，但我一個一個的送給朋友了，剩下來的就是這些。

這六個貝殼形狀不同，顏色殊異，是我最喜愛的，好幾次，有朋友問我要，我都捨不得把它們送出去。昨天，你來看我，無意間發現了這些貝殼，你的眼睛發了光亮，跟我說：

「這些貝殼真漂亮啊，哪兒揀回來的？」

「南方澳。」

你把它們放在掌心，撫玩了又撫玩，若有深意的看了我好幾次，最後才說了：

「這些貝殼可不可以送給我？」

「不行，我只剩下這些了。」

昨天你離去時，還一直愛不忍釋，一次又一次撫玩著它們，跟我說：「我最喜歡海，要是我有這些美麗的貝殼，我不但可以想見海的風貌，而且可以用這些貝殼來諦聽海的聲音。」

但我昨天還是沒有肯送給你，因為我也愛海，也愛用貝殼來想像海的風貌和聲音。而且，為了揀這些貝殼，我幾乎被南方澳炎熱的陽光，晒昏在沙灘上；我逐著海浪，打著光腳在淺灘上、海崖間尋找。海濱的陽光特別熱。那天我就在悶熱、飢渴之下，帶著昏眩，帶著喜悅，揀了這些貝殼。

告訴你這些，是希望你明白，為什麼昨天我不送給你，實在是這些貝殼，還存留著我前年的一個夏天，還照著南方澳的炎日，還印著我在沙灘上的足跡。

但昨天你離去後，我想了一想，又決定把這些貝殼送給你了。我想你不會像其他的幾個朋友，只是出乎一時的好奇，貝殼拿去沒幾天就丟掉了；你一定會好好的保管它們的。因此我決定把剩下的這些全送給你，因為我想，你對海的嚮往，恐怕要比我深些。

以前馬致遠寫過一套〈借馬〉的曲子，把馬借與別人的種種叮嚀、囑咐，寫得很盡致周到，現在我把這些貝殼送給你時，也有同樣的感情。希望你能夠時常洗滌它們，並且把它們放在潔淨的地方。

雖然曉得你會珍惜這些貝殼，但還是忍不住要跟你絮聒，因為它孕育著我的一些回憶，同時你也深愛它們；而且最重要的，是它們曾經也是一個生命──一位朋友說過的。你懂了嗎？它們曾經是個生命。需要你珍惜它，愛護它。

（五十三年十二月二十三日，《中央副刊》）

民國五十年（一九六一）秋天，我考上臺大中文系。班上同學感情很好，其中李茂盛同學也愛好寫作，筆名忻愉、忻易，和我特別接近。另外有趙振靖神父，雖是同學，年輩卻與老師差不多，也對我非常照顧。次年暑假，趙神父為我安排到花蓮附近的一座教堂渡假寫作。七月間他先去安排，我將隨後趕去。想不到行前李茂盛說他家在羅東，硬是要我去羅東住一兩天。等到在羅東火車站下了車，李茂盛才告訴我：他家開的電器行，前不久倒閉了，已搬了家，住址還要找。等到找到他嫂嫂，安頓我們住處以後，他又忙著帶我去見他的高中國文老師禚夢庵先生，去參觀附近名勝。忙了一兩天，又堅持要我去南方澳漁港看海，吃海鮮，揀貝殼。這篇文章所說的貝殼，就是當時從南方澳揀回來的，而文中所說的那位朋友，就是忻愉李茂盛。

當時是炎熱的夏天，和李茂盛在炎熱的陽光下撿貝殼，晒得頭昏腦脹，但他勸我要珍惜貝殼的一句話：「它曾經是個生命。」卻留給我極深刻的印象。過了一兩年，這句話一直縈繞心頭，一直感動著我，所以在朋友向我索取撿回的貝殼時，我特地寫了這篇文章。那時候正唸大學三年級，正上「詞曲選」的課，很喜歡馬致遠的〈借馬〉散套，所以也把它應用到文章裡了。

這篇文章如果採用書信體的形式，前面加上朋友的稱呼，中間的文氣改一改，後面再加上自己的署名，標上日期，那麼它也就變成一封書信，屬於應用文的體裁了。就像上章所引的〈月下〉一文，如果採用日記的形式，前面加上年月日及氣候狀況等等，它也就變成應用文的日記體了。應用文，本來就是要先打好抒情、記敘、論說的基礎，然後才能談應用的。所謂應用、實用，講求的是在適當的時機，用得體的言詞，對不同身分的人表達意見。它們往往有一定的格式，格式固定，容易學，但真正的內容，還是運用之妙，存乎一心，在乎其人。所以對初學者來說，還是先打好作文的基礎比較重要。

這篇文章在民國七十三年（一九八四）曾由我刪改後，選入國立編譯館的《國小國語》教科書第十二冊。刪改的原因是由於教科書每課的篇幅有限，因此談這篇文章，仍請以《微波集》為據。

最後，要「補記」的是：趙振靖神父後來曾任輔仁大學大眾傳播系主任，現在已離我們遠去了。而李茂盛後來曾出版散文集《第一聲蟬嘶》、小說集《吊在天花板上的壁虎》，可是後來痛飲狂歌，逐漸跟朋友們失去了聯絡的消息。

三、留些好的給別人

留些好的給別人

吳宏一

最近聽友人許君說起，有一位前輩，在回憶往事的文章裡，提到小時候有一次去買橘子，出門前，母親教他如何挑選好的橘子，但印象最深刻的，是他母親最後說的一句話：「要留些好的給別人，不要把好的全挑光了。」那位前輩慨歎的說，他母親雖然不識字，但這句話，使他受用一輩子。

這句話，也使我悵惘了很久，使我想起童年的一些往事。我的母親彷彿也說過類似的話。她常教我要謙讓，要為別人著想。譬如說，搭公共汽車要讓位給老弱婦孺，走路要讓別人先過，吃東西不能儘挑自己喜歡吃的，「留些好的給別人」……。那時候年紀小，覺得媽媽所教的，都是天經地義，自然信守不渝，也不曾懷疑。例如在車上遇見老弱婦孺，一定讓位，雖然自己年紀也不大。記憶裡，那時候同學的母親，好像是大都如此教導子女的。猶記小學時，一位調皮搗蛋的同學，被老師責罵了，跑回家去，反而被他父母揍了一頓，再領著他回學校向老師賠罪。記得他母親當時還羞愧的站在一旁，陪著他掉眼淚呢！四、五十年代，在臺灣南部鄉下，我的中小學生活，是這樣過的。

可是，到了六十年代，我到臺北讀大學以後，這種風氣就漸漸變了。開始聽說，有父母告訴孩子說，你們老師這個地方那個地方講錯了。因為為人父母的，很多人學歷比老師高，自己認為學識比老師強得多。也開始聽說，有父母因為孩子在學校裡被老師責罵，就到學校向老師興師問罪。更聽說有人這樣告訴子女，不必讓位給誰，別人一張票，你也一張票，為什麼要讓？諸如此類的事情聽多了，感覺逐漸麻木了，覺得社會風氣逐漸在變，卻沒有注意到，在不知不覺間，竟然自己也跟著變了。很多人覺得不能老是讓自己吃虧，於是開始爭位子，爭權利，爭享受，有福先享，有事先推。用買橘子做比喻，大家都搶著要好的，而且搶著把好的挑光，憑什麼留下好的給別人享受？真的，風氣變了，很多人一方面感嘆人心不古，一方面卻自己在推動這種風氣。

七十年代以後，我在臺灣、美國及香港等地教書、訪問，私下也常常聽到有人在感嘆：人心不古，一代不如一代。然而，據我的觀察，事實上也大致如此：父母師長教給兒女子弟的，已經不是謙讓，而是爭取；已經不是為人著想，而是為自己爭取機會。就這方面來說，各地方都是難兄難弟，都是兄弟之邦。原來世界早已到了大同的境地了。

這幾年在香港教書，對此現象，前後感受又有不同。以前大家搭車購物，當然不會讓位，但一切依序排隊，沒有話說；現在則同樣不讓位，卻漸漸有「臨時插花」的現象。最令人擔心的是，這個社會本來很有秩序，一切講求按部就班，就像買橘子，雖然很多人所受的教育是：只要你按規定排在前面，你就有權利挑好的，而且把好的挑光。但現在漸漸有點轉變的跡象了，為了爭取挑揀的機會，似乎有點兒爭先恐後的浮動。

以前不識字的母親，懂得教孩子去買橘子的時候，不要把好的挑光，總要留些好的給別人，現在為人父母師長的，不但識字，而且都很會說道理，但不知道為什麼吝嗇於講這樣的一句話。

這是我在香港中文大學教書期間所寫的一篇文章，夾敘夾議，有人會說它是記敘文，也有可能說它是論說文。其實，絕大多數的文章都是雜揉各種體裁而成，不可能抒情文中，完全沒有記敘或論說的成分，也不可能記敘文中，完全沒有抒情或說理的成分。這是初學者在分辨文體、文類的同時，該先具備的常識。

〈留些好的給別人〉，記敘我這一代的母親，可能沒有接受什麼教育，卻懂得教導子女為人處世，要留一些好的東西給別人。題目的意義，重點在「留些好的」，「些」代表部分，不是全部。究竟「些」指多少，可以酌情衡量。如果把全部都留給了別人，自己卻一無所有，這是不合人之常情的做法，最恆常可行的辦法，是自己在享有好的東西時，還能想到別人。用古人的話來說，是「自立立人」、「自達達人」。

立定題旨之後，當然要選取可以應用的材料。香港友人許禮平所引述的畫家母親的話，還有我自己母親說過的話，從以前到當前，從台灣到香港，從家庭、學校到社會，把種種風氣轉變的現象，前後對照，互相比較，然後再依照時間空間的順序，來記敘、說明今昔的不同。

在結構運思方面，哪些事先記，哪些話先說，都事先有所斟酌。先引用畫家母親教導兒子如何挑選橘子，然後才提到自己母親早年的種種教導：要多為別人著想。坐車要讓位，走路要讓別人先行等等，都是同一題意的延伸。這樣寫，似乎比先寫自己母親再寫畫家母親，要來得有感染力和說服力。

在修辭方面，因為從現代日常生活去談為人處世之道，所以全用語體。平平淡淡寫來，沒有刻意雕琢的痕跡。雖然偶而也用「人心不古」、「兄弟之邦」等等成語，但它們早已變成口語的一部分了，而所用的譬喻例證，也只是日常生活中的一些事物，並無引經據典，所以整體看來，記人敘事，是明白清楚的，而所要闡述的道理，也很清楚明白。

這篇文章曾被香港選入中學教科書中，有人反映：香港是典型的商業社會，功利而現實，我這篇文章裡所表達的觀點，恐怕接受的人不多。

我的回答是：未必。就因為接受這種觀念的人或許不多，所以我才寫這篇文章。假使你願意，你可以從相反的觀點，另寫一篇文章，大家一起來商議討論。

你願意嗎？

第14講 論說文

一、三段論述

請先看下面一篇說明文：

洗兒詩

吳宏一（見《波外集》）

依照古代習俗，孩子生下三天，家人要為他舉行洗禮，俗稱「洗三」或「洗兒」。古代有的詩人，無事不可寫，無意不可入，因此連洗兒這樣的題目，也都可以入詩。像蘇東坡四十八歲時，為兒子蘇遯所寫的〈洗兒詩〉，就是一首傳誦古今的作品。

人皆養子望聰明，我被聰明誤一生；
但願孩兒愚且魯，無災無難到公卿。

東坡自許聰明，大概沒有人反對，但他是不是真的「但願孩兒愚且魯」，這可就不能呆看文字。進一步說，孩兒愚魯，是不是就能「無災無難到公卿」，恐怕更成問題。因此，明末錢牧齋同樣在四十八歲為兒子錢孫愛「洗三」時，就寫了一首〈反東坡洗兒詩〉，來跟東坡唱反調：

坡公養子怕聰明，我為癡獃誤一生；
還願生兒獧且巧，鑽天驀地到公卿。

這兩首詩寫東坡、牧齋對孩兒的期望，雖然看似不同，其實目標卻一致。他們都望子成龍，希望自己的寶貝兒子名到公卿。這是人之常情，暫且不談。這裡只談東坡為什麼「但願孩兒愚且魯」，牧齋為什麼「還願生兒獶且巧」。

東坡才學高贍，名滿天下，加上「一肚皮不合時宜」，因而四十四歲時，被鍛鍊入獄，次年貶至黃州，「憂患已空猶夢怕」之餘，開始「閉門卻掃，收召魂魄，退伏思念所以自新之方」，也因此他四十八歲時，侍妾朝雲為他生下蘇遯，他要為筆舌惹禍，自嘆「我被聰明誤一生」了。這樣看來，「但願孩兒愚且魯」，恐怕只是東坡一時感憤之言。同樣的，牧齋在生孫愛的前十年內，牽涉黨爭，宦海浮沉，備嘗辛苦。先是主試浙江，場事失察，疑忌環集；後以廷推枚卜革職待罪：「裂麻未是廷臣意，枚卜空煩聖主心」，心情可以想見。四十八歲生下孫愛這一年，正是他閣訟初結、南歸故里之時。因此他所寫的洗兒詩，不免要自恨為人「癡獃」而希望其子「獶且巧」了。這和東坡一樣，都只是一時的憤激之言，都只是當時心理的自然反映而已。

十幾年前，讀這兩首詩，覺得很有趣味，常想倣作，以為續貂。然而當時未婚，何來洗兒之喜？八年前，終於娶妻生子，成〈洗兒詩〉一首；但心事已異昔時。只願吾兒有東坡作詩之「聰明」，而無牧齋為人之「癡獃」，如是而已。詩曰：

坡公養子望聰明，蒙叟癡獃誤一生。
但願吾兒無愧怍，不須鑽蘤到公卿。

這是一篇以敘事為主的說明文。首先解釋題目名義，先說「洗兒」的意義，再說什麼叫「洗兒詩」，然後依序臚列蘇軾、錢謙益和筆者的三首洗兒詩，配合作者的時代和生活背景，來說明這三首洗兒詩的含意。

論說文的作法，或先揭主旨，後分段闡明，或先層層推闡，後得結論。最常見的有三大段和四大段的兩種論述方式。三大段論述方式，即所謂正、反、合的演繹關係，而四大段的論述方式，即所謂起（揭示題旨）、承（申說其義）、轉（深入轉折）、合（綜論作結）的邏輯關係。筆者的這篇說明文，可以明顯地看出來，屬於三大段的論述方式。

三大段的論述，以三首〈洗兒詩〉來貫串。最後要補充的是，蘇東坡和錢牧齋的洗兒詩，都是他們四十八歲的作品，筆者的，也是。

二、四段論述

請先看下面一篇論說文：

科學足以救國，亦足以亡國，試申論之

吳宏一

科學進步，國家才能富強，但科學並非萬能，如果發展的方向有了偏差，科學越發達，越有可能使國家趨於滅亡。

科學包括有形和無形兩種：有形的指科學技術，例如新醫藥、新武器的發明；無形的指科學精神，例如邏輯思考的方法和實事求是的態度。一般人所說的科學，通常指前者而言，而且，認為國家能不能富強，和科技的發達、武器的進步、兵力的強盛，關係最為密切。因此，有人以為滿清末年，中國所以受盡列強欺侮、割地賠款、喪權辱國，主要的原因，是由於科技落後，武力不強；而第二次世界大戰前夕，德國和日本所以能夠列於強國之林，敢於公然挑起大戰，也是由於自認為科技進步、武力強盛的緣故。

其實，國家是不是富強，不能只看科技和武力是不是發達，還要看這個國家的人民，在思想和生活各方面是不是富於科學精神。有了科學精神，肯實事求是，精益求精，又能分辨利害，區別是非，那麼不只科技、武力會發達，政治、經濟、文化等各方面，也才能獲得均衡的發展。人民生活富足了，國勢自然也就強盛了。否則，把新發明的醫技、科技用之於戰爭，窮兵黷武，一味擴充兵力，發展武器，而不顧民生經濟的話，遲早會自取滅亡、步向衰敗的境地。即使沒有外患，也必將會有內亂。第二次世界大戰時，日本廣島長崎的原子彈，德國納粹黨的大屠殺，都是殷鑑不遠的例子。《論語・顏淵篇》記載：子貢問政，孔子回答說：「足食，足兵，民信之矣。」說的就是這個道理。

由上可證，發展科學固然可以救國興國，但一旦方向偏差時，也就會有亡國滅國的危險了。目前我們的國力衰微，為了救國興國，正宜積極發展科學，對於這個問題，不能不慎重考慮啊！

這是根據我在中學時的一篇論說文習作改寫而成的。扣緊題目，共分四段，基本上是四大段論述的作法，依照起、承、轉、合的格式。第一段是破題，說明科學與國家興亡的關係。第二段和第三段分別從正面和反面，來闡述科學足以救國與國和足以亡國的道理，並舉例為證。第四段為上文作結。最後幾句話是發議論，所以與上文的語氣不同。

三、綜合論述

請先看下面一篇說明文：

「空白」也是一種美

吳宏一（見《波外集》）

以前在中學讀書，常常覺得古人無論寫情說理，有時候太含蓄了，不夠清楚，令人疑惑。像《論語・公治長篇》那段孔子批評微生高的話：

「孰謂微生高直？或乞醯焉，乞諸其鄰而與之。」

為什麼微生高向鄰居討醋來送人，就不算誠直呢？孔子的道理說得不夠明白，《論語》的記載不夠詳細，自然難免令人心生疑問。

後來，多讀了一些古書，才知道這種例子，隨處可見。尤其是舊詩詞，更是不勝枚舉。像牛希濟的〈生查子〉下闋：

「語已多，情未了。回首猶重道；記得綠羅裙，處處憐芳草。」

究竟是誰送誰，是男送女，還是女送男，作者自己沒有交代清楚，自然容易引起讀者的爭論。

像這樣的例子，在古書中，真可說是俯拾即是。而其所以隱約其言、含蓄其情的原因，就是要讀者自己去神領意會。

同樣的道理，我們常常看到有些畫家在水墨淋漓或色彩斑斕的畫面上，留有空白，要觀眾自己去欣賞、體會，那是長煙一空，或是煙波萬頃；音樂家在樂曲進行中，有時也譜出「動中有靜」的旋律，要我們去體會那是「風雨中的寧靜」，以收到「此時無聲勝有聲」的效果；而園藝家在經營花圃時，總不忘保留一片綠色的草皮，使人在欣賞姹紫嫣紅之餘，感受到另一分安寧與溫馨。這些地方，和古書的含蓄不露，留有餘味，頗可相通，而其需要我們自己去神領意會，更是如出一轍。

事實上，不但文學藝術需要我們如此，就是實際生活裡，也需要我們如此。

我們都知道，我們的社會型態，已由農業轉為工商。大家的生活，比從前要緊張忙碌多了，因此，很多人無法適應現實的生活。有時候，因為心情緊張、工作忙碌的結果，竟然連休閒時間也無從休閒，娛樂活動也無從娛樂。譬如說，忙了一個禮拜，到了週末或星期假日，總該休息了罷。可是，我們所看到的，卻是大家比平時更形忙碌。忙著約會、郊遊，忙著看電影、上館子，或者忙著加班、趕作業。這就好比是讀古書，一味「學而不思」，只看不想，有疑惑處，也不肯停下來思考；也好比是看畫，只看水墨淋漓或色彩斑斕的地方，不知「空白」的妙處；當然也好比是聽音樂，只聽音調瀏亮處，不知「動中有靜」的趣味。這樣的生活，太缺乏情趣了！

有人說：休息，是為了走更遠的路。我覺得這句話，值得我們三思。在緊張忙碌中，我們需要一些「空白」，一些真正的休息；在科技發達、經濟繁榮的社會裡，我們更需要一些「無形」的精神建設，重視文藝的薰陶和道德的實踐，來培養優美的情操，領略生活的樂趣。

這是一篇揉雜抒情、說理、寫景、狀物的說明文。

題目所說的「空白」，不是我們平常口頭上所說的空洞虛無之意，而是美學上一種虛實相生、有無相成的空靈之美。《老子》第十一章說的：車轂中間是空的，可以用來貫穿車軸的圓木，車輪才能轉動；陶土製成器皿，中間是空的，才有盛物之用；房屋鑿了門窗，中間是空的，才有居住之用。老子稱這種中空的作用，是「有之以為利，無之以為用」。我這篇文章要說明的，也是這種「玄之又玄」的道理，不過不用哲學的理論詮釋，而用文學藝術來呈現。

我所舉的例子，有《論語》，有詞句詩句，還有我們日常生活中常可接觸到的繪畫、音樂、園藝景觀和娛樂活動等等。用意都在說明「無之以為用」的道理。

讀者如果有興趣，不妨把我所舉的例子，換成你所熟悉的事物，加以引申說明，那也是一種情境作文的練習。

你可願意？

伍　餘論篇

以上四篇，對從閱讀到寫作的種種問題，作了一些概括性的說明，希望對於初學者及在學的青年朋友，在學習作文時，能有所幫助。

為了更求完整，在這裡又補充說明了：應用文與文學批評有關的問題，在學青年朋友平時測驗與升學考試的問題，以及超越自我、終身學習的問題。

第15講 餘論

一、應用實用與文學批評

前面介紹文體，說它可包括抒情文、記敘文、論說文和應用文四種，但只說明前三種而未及應用文；同樣的情況，前面介紹文類時，說它可包括詩歌、散文、小說、戲劇和文學批評五種，但只說明前四種而未及文學批評，主要的原因是：應用文和文學批評對初學者來說，都是後階段的訓練工作，以建造房屋為喻，前面的各種文體、文類，才是基礎。基礎穩定，建造的房屋才牢固。各種文體、文類都嫻熟了，才能談應用文和文學批評的寫作。

應用文，一稱實用文。應用文一詞，據古人的說法，是指「用於周應人事者，若書札、公牘、雜記、序跋、箴銘、頌贊、哀祭等類」，用現代的話說，則是指應用於日常生活工作中，用來處理公私事務的文體，例如書信、公文、廣告、收據、題辭等類。可見所謂「應用」，原指將平日所學的抒情、記敘、論說各種文體的作法，應用到實際生活之中的意思。可是近年來，有人以為科技文明的發達和生活型態的改變，過去的所謂「應用文」，已無法包括現今新興的科技、法律、經濟、傳播等等的文書寫作，所以改稱「應用文」為「實用文」，強調其現實社會中的實用價值。其實，「實用」是講內容性質，「應用」是講方法運用，二者並不牴觸，所以稱應用文或實用文都沒有問題。

應用文既以實用為目的，自然在寫作要求上，與其他文體有所不同，跟充滿情趣的文學作品更是大異其趣。

應用文雖然種類不少，但基本上重在求真尚實，主旨必須明確，不枝不蔓，不像文學作品那樣含蓄不露，留給讀者許多想像的空間；材料必須客觀，有憑有據，不像文學作品那樣夸飾，重視審美價值。它們依照對象的不同，和文書不同的性質，而有不同的固定格式，以及不同的修辭用語。記敘、論說和抒情等文體，雖然同時並用，但以前二者為主，記敘求平實，論說講邏輯，只有私人的書信、新聞通訊以及一些科學筆記小品之類，偶而會流露內心的感情。其他像行政公文、法律文書、商業廣告、經濟文書等等，都會要求一切文字正確無誤，任何一個細節，包括數字，都不能有失誤。因為一有失誤，就可能招來莫大的損失。它們不像文學作品那樣虛實相生，可以仁者見其仁，智者見其智。

不過，恰如上述，各式各樣的應用文，在講究什麼時機、什麼對象、什麼格式、怎樣稱呼、怎樣措詞的同時，最重要的仍是：要先具備抒情、記敘、論說各種文體的基本寫作能力。經驗告訴我們，想要具備這些基本的寫作能力，從古今中外優秀的文學作品中去學習，是最可行的辦法。因此，在學習的第一階段，我們暫時不講應用文的部分，而特別強調文學作品的鑑賞。

古今中外優秀的文學作品很多，詩歌、散文、小說、戲劇的任何一個部分，恐怕誰窮盡一生之力去研究，都難以得其全貌。而所謂文學批評，就是透過鑑賞，對文學作品作客觀的分析，給予不同的評價，同時對作者的時代、身世、交遊、思想和文學成就等等，作理性的探討，供其他讀者參考。難度當然又比閱讀、鑑賞一般的文章高。它和詩歌、散文、小說、戲劇比起來，當然也是屬於後階段的工作。譬如我們聽說王國維的〈紅樓夢評論〉那篇論文很有見地，值得學習，但如果我們在讀它之先，沒有讀過《紅樓夢》原著及相關的評論文章，我們就不可能明白王國維的見地何在。因此，對初學者來說，文學批評的寫作可以暫緩，不必操之過急。

然而，上面所說的文學批評，是針對有學術價值的學術論文來說的。對於初學者或青年朋友，其實陳義不必過高，不妨鼓勵他們先從一般論說文的寫作入手。文學批評的基礎，本來也就始於論說文的寫作。還在學校裡讀書的青年朋友，應該有任課老師會給予適切的指導，如果沒有老師指導，不妨看看著名的報刊雜誌上的社論、專題討論等等。最好挑選你所熟悉的話題，這樣才曉得討論的內容，便於比較參考。篇幅不宜長，短小精悍，最為理想。你要注意看它如何提出問題，如何分析問題，邏輯性強不強，論辨性高不高，思想性深不深刻，有沒有給予你什麼啟發。如果你不能判斷，也不必心急，可以去請教別人，跟別人討論。如果有你滿意的文章，你要記得作者的姓名和刊物的名稱，以便日後可以繼續找他的文章看。最好把它們剪貼下來，分門別類，編在一起，便於朝夕諷誦。

我自己的學習經驗，在大學中學讀書時，老師教我們寫讀書報告，我一定很認真地從所讀的課外讀物中，挑選一兩本認為最有心得的，來做為討論的對象。我會參考大家肯定的寫作模式，來列舉內容重點及段落大意。例如我在高一時所作的讀書報告以及讀書筆記，項目往往先列舉如下：

書名：

編著者：

出版者：

出版年月：

內容提要：內容大意及重點、特色。

讀後感：優點、缺點及待查考處。

重點當然在後面兩項。要多舉例證，然後說明作者的優缺點及成就所在。

我從高中時代就常向校外刊物投稿，領取的稿費用來買書，因而買的課外讀物不少，而讀書筆記也因之做了不少。有的是摘錄原文精彩的片段，有的是提示其內容大意，另外有的是自己讀後的心得或批注。篇幅長短，字數多寡，完全不受限制，該長則長，該短則短。這些資料，至今猶保存了一部分在身邊。我想我後來會從事文學批評的研究工作，可能與此有關。有人說我讀書記性好，也可能與此有關。只是我不知道我這樣說，讀者作何感想。我只是希望初學者或青年朋友，如果不自以為聰明的話，不妨學學我的笨辦法。

二、平時測驗與升學考試

在語文學習的過程中，免不了要經過無數次的測驗與考試。測驗和考試可以測出過去學習的成效，甚至可以決定未來發展的方向，所以想要升學或求職的青年朋友，特別重視。也因此有人把閱讀、寫作與測驗、考試劃上等號，認為閱讀、寫作的目的，就是為了應付測驗、考試。時代變了，觀念不同了，我們不能說這種功利的想法有什麼錯，但必須指出：抱持這種想法的人很少如願以償。因為語文的程度和寫作的能力，是日積月累、慢慢進展的，不是朝夕之間，可以一蹴而幾。平時積累多，到了測驗、考試時，自然能夠從容應付，要不然，心存僥倖，臨時抱佛腳，只能亂猜題，亂抓重點，臨場揣摩老師或閱卷者的心意，套一些陳腔濫調而不敢寫自己的想法，人云亦云，看題湊文，除非運氣真好，否則必敗無疑。因此，想寫好文章，必須在語文學習的過程中，從一開頭就打好基礎。

例如在語文學習的最初階段，對於讀、說、聽、寫四種能力的培養與訓練，很多人就掉以輕心，偏重寫作的訓練而忽略了前三者。其實，文章要寫得好，讀、說、聽三者也不可忽視。一篇文章寫成之後，讀起來不順口，說起來不達意，聽起來不悅耳，那一定是表示那篇文章有問題，還需要修改。為什麼要向初學者及青年朋友強調讀好文章，讀範文，也就是這個道理。

古人講寫作之道，說須求文章於音節之間，就是說明文氣、音節在文章中的重要性。現代作家的語體文也一樣，如果不注意文氣、音節，文章該停頓的地方不停頓，該有的節奏感消失了，那麼讀、說、聽時，它就會變成不知所云，或造成誤會。若干年前，曾有一位作家寫了一篇文章，題目是〈老師有問題〉。這個題目令人悚然一驚，以為又有問題老師出現了，可是作者卻又俏皮地說，題目其實是：〈老師，有問題〉，就因為文章的節奏不同，停頓的地方不一樣，意思也就變成不一樣了：是學生向老師請教問題，而不是老師有什麼問題。這個簡單的例子，同時也說明了標點符號的使用非常重要，詞義和語感的掌握非常重要，而在一般人的心目中，標點符號以及語感等等，似乎微不足道，一向被忽視了。其實這些都是最基本的語文基礎，非常重要，不可等閒視之。

打好最基本的語文基礎之後，還要多觀察事物，體驗生活，同時要多多吸收各種不同學科的知識。多讀多寫多討論，一方面擴大眼界，一方面開拓胸襟。不但要不斷地充實學養，樹立正確的人生觀，符合現代社會的規範，而且要在平時就養成明辨是非、服從真理的習慣，學習科學的精神，培養民主的風度。能夠如此，再加上上述各篇各章有關鑑賞與寫作的訓練，那麼必然可以「發乎情，止乎禮義」，不論是平時或升學的測驗和考試，也就可以從容面對，不會臨場慌張，文不對題或詞不達意了。

不過，這些道理說來容易，做起來卻不輕鬆，需要持續的努力。所謂樹立正確的人生觀，符合現代社會的規範，所謂學習科學的精神，培養民主的風度，更有可能被一些人嘲笑為老生常談，或被認定為與作文無關，但我們仍然要堅持這些主張，因為它們是一切教育的目標。目標明確，學習有成，面對任何測驗考試時，只須將心中想法直接說出來，情真而理直，自然就中規中矩了，不必刻意寫些討好閱卷者的違心之論。

以上所說，是我理想中的語文學習的基本態度。光有這些態度還不行，必須在閱讀與寫作的過程中，不斷地經過各種不同的測驗、考試，來增進適應的能力。

以下所談，則是提供給讀者參考的一些測試的方法。

還是從最基本的讀、說、聽、寫說起。先從閱讀鑑賞的方面說。任何好文章，你讀其字句，或聽人誦讀的時候，有不了解的詞語文句，那就是你該學的；你或別人說其內容大意的時候，有不順暢的地方，那就是你該再注意的部分。常有人說，語體文不知道怎麼教才好，以上說的，就是方法之一。你可以用這些方法來測試自己。譬如說你可以閉上眼睛，不看文章，只靜心聆聽別人誦讀它，看有沒有哪些詞語文句聽不懂，來測試自己的語文能力。反之亦然。不是你有問題，就是他有問題，那時候，你們就可以一起查證討論了。

查證討論之後，你還可以嘗試作進一步的欣賞與分析。這樣日積月累，久而久之，你的鑑賞能力與寫作能力一定會有進步。

除了誦讀或聆聽範文之外，實際的寫作練習，必須同時逐步加強。過去的訓練方式，先從寫字、注音、標點符號、詞語解釋開始，然後練習填充、造句、重組、改寫等等，這些循序漸進的方法都是正確的。千萬不可因其初階容易而輕忽之。為了奠定堅實的基礎，你最好有理想的辭典及工具書。如果使用電腦，也要懂得選擇或判斷。從小學高年級或國中開始，你正式練習作文了，這時候，你一方面要多閱讀古今名家範文，提高鑑賞能力，一方面要多練習寫各種不同體類的文章，增進寫作能力。為了達到這個目的，你必須接受各種不同的測驗與考試。

翻譯，是常見的一種測試方式。不論是把古文譯為白話，或將外文翻成中文，前人說必須做到信、達、雅才理想。這是理想的目標，初學者如果做不到，總要體認到一點：翻譯本身也是創作。你要把握原著的文意，也要把握原著的文氣。在字斟句酌的過程中，無異於仿作，可以視為另一番的重新創作。因此這種測試，在平時要好好地訓練。

習作，即作文，但有從模仿到創作之意。從名家範文中去模仿，從不斷模仿中去創作。習作有不同的階段，有不同的要求，一般說來，文體上先從記敘文學起，文類上先從散文學起，因為這些是寫作的基本工夫。先定個題目，命題作文，或寫完文章才定題目；先提供部分材料或寫一段文字，然後依照設定的情境，要求接續用一定的文體或內容去寫，或者任憑寫作者自由發揮，都是不同的測試方式，在平時都應該有類似的訓練。

平時既然常有訓練，正式的測驗或升學的考試時，也就不會慌張而失措了。

三、超越自我與終身學習

莊子早就說過：「生也有涯，而知也無涯；以有涯隨無涯，殆已！」意思是說：生命啊是有限的，但知識啊卻廣大無邊；以有限的生命去追求無限的知識，大概沒辦法。莊子這樣說，自有他的道理，因為確確實實，人生有限，而學海無邊。但是，面對這樣的客觀事實，因為人生觀的不同，不同的人就會有不同的處理態度。有人會選擇渾渾噩噩過日子，有人則不願在人生道路上白白走一遭，反而更圖振作。朱自清的〈匆匆〉，在感嘆時光的流逝之餘，就留給讀者這同樣的兩個問號。

我個人主張積極的人生觀，因為消極悲觀的人生，於人於己，都沒有好處。我相信大多數的人，也是如此。尤其是容華正茂的青年朋友，更應奮發有為，力圖上進。宇宙歷史就像一條長河，「前水復後水，古今相續流」，我們即使是長河流水中一個小小的泡沫，也要發光發熱，追求那剎那間的永恆。我相信奮發上進的青年，必作如此想。

上文一再說，我這本書是為初學者及青年朋友而寫的。雖然所談的問題，環繞著閱讀與寫作，都與語文學習有關，但用意其實不僅僅在於此。

我一向以為人生的道路非常寬廣，每一個人都可以選擇自己要走的道路。有人想成為發明家、科學家、實業家，也有人想成為政治家、教育家、畫家、音樂家或文學家，等等，不一而足。以文學家為例，其中又可分為專事寫作的作家和從事研究的學者等等，可以說在寬廣的道路中，又分出了許多不同的界限。因此，我這本書一開頭就談閱讀與寫作，文中又多舉古今中外的文學名著為例，一定有讀者以為此書是專為文學愛好者所寫。如果這樣想，那就錯了！

語文，是一切學問的基礎。不管你將來想成為發明家、科學家、實業家，或成為畫家、音樂家或文學家，你都需要有語文的訓練和基礎。如果語文的訓練不夠，基礎不穩，你的願望和理想，恐怕就很難實現。因為語文的訓練，是透過語文的學習，來培養來加強你的認知能力、思辨能力、審美能力和表達能力。如果缺乏這些能力，不管你從事什麼工作，都很難成功。

如果你是發明家，富於創造力，發明了什麼新器物或發現了什麼新原理，可是你的語文表達能力不好，那麼你的新發明或新發現，可能就不易為人所知；如果你是科學家，富於實證精神，可以參與新發明、新發現，或者可以幫助一般人了解它們，利用、應用它們，可是你的語文表達能力有問題，那麼成效也必然大打折扣。同樣的道理，如果你是實業家或藝術家等等，你也不可以缺乏認知、思辨或審美能力，否則你的工作就很難達到理想的境地。

古人說：「天生我材必有用」，每一個人先天應該都有認知、思辨、審美、創造等等能力，只是這些能力必須經過不斷地開發、訓練和學習，才能表現出來。如此也才能完成自我的願望，走出自己的道路。語文的學習，其實就是為奠定、培養、加強這些能力而設立的。它不是只為文學家、文人作家而設，它同時也是為一切學問而設。我們所以常舉文學作品為例，只是因為文學作品所用的語言文字比較優美，構思修辭比較靈巧，便於讀者學習而已。其實，一切學問中的任何著述，只要寫得優美靈巧，真摯感人，都可能被列為文學之林。一切學問的任何著述，或許可以不屬於文學作品中的某一分類，但它必然離不開抒情、記敘和論說這三種體裁。因此，本書所舉的文學作品，只供讀者鑑賞之用，希望讀者從鑑賞中模仿，從模仿中學習，創造自我。不是要求大家成為作家或文學家，而是希望從古今中外名家範文的寶貴經驗中，得到良好的語文訓練，得到認知、辨析、審美和創造的能力。不但在道德修養、思想辨析、科學知識等等方面，獲得充實的機會，而且在語文表達能力方面，也能用抒情、記敘和論說等等不同的方式，來描述不同的事物情境，表達不同的思想情感。將來無論你從事什麼工作，你都可以援筆成文，傳情達意。起先是奠定基礎，後來是逐步加強。一個階段完成了，又進入另一個新階段。因為學問無止境，所以學習也應該永無止境。譬如說小學以前是一個階段，中學以後又是另一個階段；進了大學是一個階段，大學或研究所畢業以後，又是另一個階段。每一個不同的階段，都有不同的訓練和目標。這一個目標完成了，叫做完成自我；下一個目標進行了，叫做超越自我。這樣的學習，這樣的人生，不斷在進步之中，才有意義。

這也就叫做「終身學習」。

我的這本書，對象是有志於寫作的初學者及青年朋友，他們願意加強寫作訓練，其志可嘉，所以我很誠懇地提供個人的一些經驗，給他們做為閱讀與寫作的參考。從多讀多寫的老生常談說起，一方面我肯定多讀多寫有其意義，但另一方面我也說明了多讀多寫，不是以多取勝，不是亂讀一通，胡寫一氣，而是另外有可遵循的軌跡。以上各篇各講所說的，就是有跡可循的一些原則和道理。希望對於初學者和青年朋友，真的多多少少有所助益。

最後我要強調，我們大家都應該「終身學習」。我現在寫這本書，其實也是一種學習。我很樂意把以前中學老師送給我們同學的一副對聯，轉贈給各位：

學海無涯勤是岸，

青雲有路志為梯。

校後記

吳宏一

兩年前，我從香港退休返臺，決定不再教書，要多利用一點時間完成我多年來想寫的專書，並整理一些舊作。因為暫無衣食之憂，而有傳承之想，所以工作進行非常順利。我的著作可以分為學術論著、經典普及、文藝創作、語文教育四類；其中語文教育一類，在返臺之初，即與遠流王榮文先生談過，曾有合作之議。後來有早年教過的老學生，願意成立出版社，為我出版所有著作，因此我頗受鼓舞，朝夕寫作，其勤勉程度較之當年準備大學聯考，尤有過之。前面三類著作，已從今年年初交由天宏出版社陸續印行，第四類有關語文教育的書稿，則仍照原先構想，交給遠流出版發行。

《作文課十五講》，就是我為語文教育類所寫的第一本專書。近年來，臺灣、香港、大陸以及我所接觸到的華人地區，都常聽到有人在感嘆，年輕一代的中文程度低落了，學生的閱讀及寫作能力，也「一蟹不如一蟹」。有感於此，所以我先寫了這本入門讀物，然後計劃配合這本書，另外編寫散文、新詩、散文詩、微型小說等等輔助教材；所選的作家作品，則以民國初年為主。因為民國初年的文人學者，比較有熱情，有理想，既有社會責任心，又有歷史使命感，同時容易被所有華人地區的讀者所共同接受。

這本書的初稿，完成於二〇一〇年十月底；修訂稿是今年三月底到北大訪問前交給遠流的；現在書快出版了，我特別寫這篇校後記來謝謝出版社的校對和編輯。

時為二〇一一年七月十五日

吳宏一的作文教室1

作文課十五講

作者：吳宏一
主編：曾淑正
校對：萬淑香・陳錦輝

發行人：王榮文
出版發行：遠流出版事業股份有限公司
地址：台北市中山北路一段十一號十三樓
郵撥：0189456-1
電話：（02）25710297
傳真：（02）25710197

著作權顧問：蕭雄淋律師

二〇一一年九月一日　初版一刷
二〇二二年四月十六日　初版七刷
售價：新台幣三〇〇元

ISBN 978-957-32-6828-4（平裝）

ylib 遠流博識網 http://www.ylib.com
E-mail: ylib@ylib.com

國家圖書館出版品預行編目資料

作文課十五講／吳宏一著. -- 初版. 臺北市：
遠流，2011.09
面； 公分. --（吳宏一的作文教室；1）
ISBN 978-957-32-6828-4（平裝）

1. 漢語教學 2. 作文 3. 寫作法 4. 中等教育

524.313　　100014797